役行者《えんのぎょうじゃ》と修験道

宗教はどこに始まったのか

久保田展弘

WS
ウェッジ選書

ウェッジ

精神の古層をたずねて

熊野古道、大門坂。

役行者像（大峯山寺蔵）

孔雀明王像（正暦寺蔵）。孔雀経の呪法はこうした像を主尊に修法された。

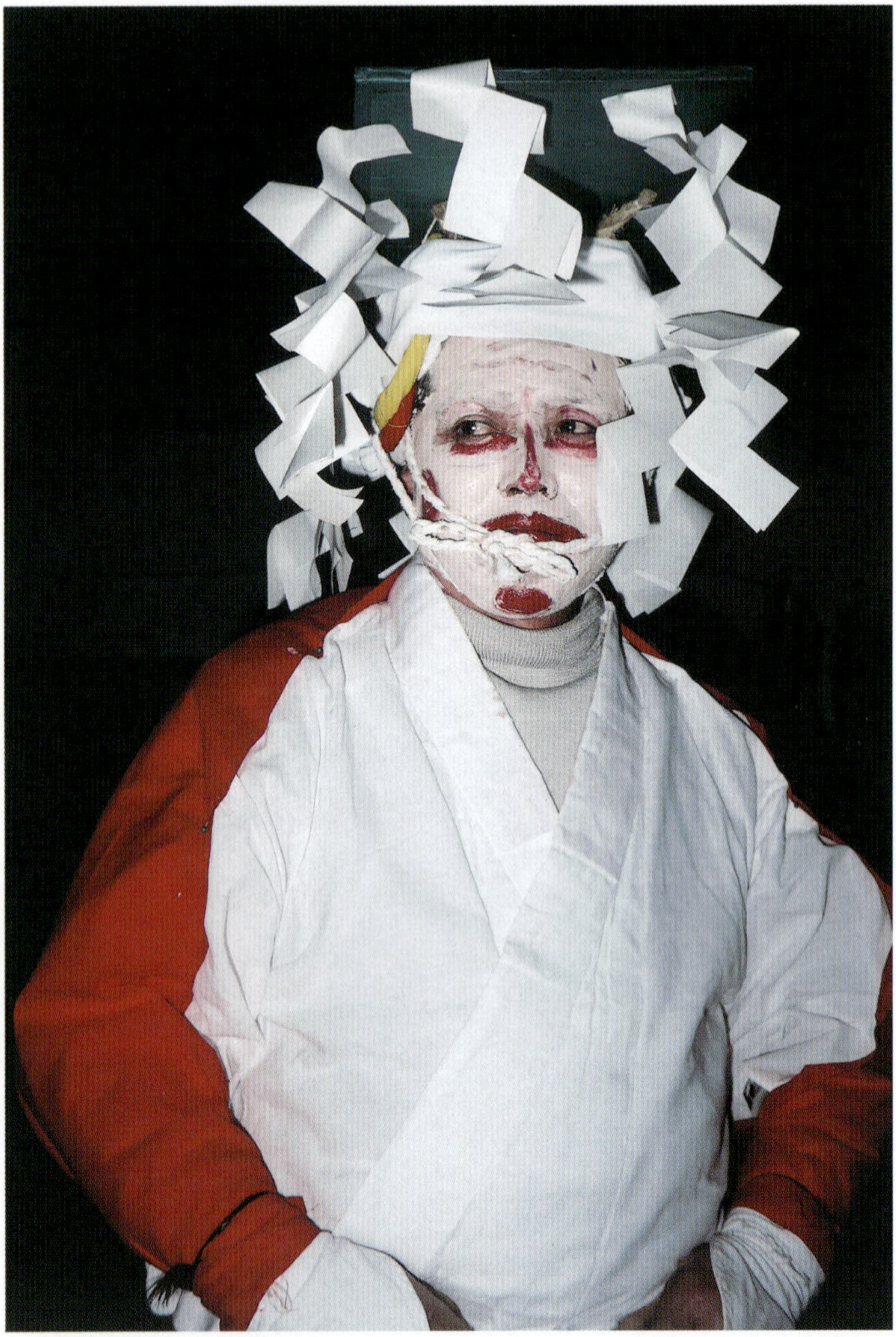

清浄な火を点火する松撃（まつうち）。松例祭の夜、修験者は変身し、トリックスターとなる（第6章）。

蜂子皇子（能除仙）像（荒沢寺正善院蔵）。出羽三山の開山者で、口が耳の付け根まで裂けていたという（第7章）。

那智の扇祭り（火祭り）。十二本の大松明と十二体の扇神輿（第6章）。

大峯奥駈け前夜。東南院にて（第7章）。

飛滝神社参道を滝へ向かう扇神輿と大松明（第6章）。

千日回峰行中の酒井雄武阿闍梨。飯室谷、慈忍和尚廟にて（第7章）。

役行者と修験道　宗教はどこに始まったのか

目次

口絵・本文写真撮影＝著者

役行者と修験道

宗教はどこに始まったのか

序章

修験道と世界遺産

二〇〇四年七月、奈良・和歌山・三重の三県にまたがる「紀伊山地の霊場と参詣道」が世界遺産（文化遺産）に登録された。

二〇〇五年の七月現在で、全世界に八一二件の世界遺産が登録されているが、文化遺産として「参詣道」である「熊野古道」がその対象となったことの意味はことのほか大きい。

仏教伝来以降、現代におよんで、日本人は神仏融合の宗教文化を育んできた。日本古来の自然崇拝に根ざした神祇信仰と外来の仏教との、より具体的な橋渡しの役を果たしてきたのは巡礼・参詣の道である。この、いわば行動する文化とその景観が世界遺産になったのである。

すでにフランスのピレネーを山越えして、スペイン西端のサンティアゴ・デ・コンポステラを目指す巡礼道が世界遺産に登録されているが「紀伊山地の霊場と参詣道」は、こうした文化的遺産を対象とした世界遺産の二例目ということになる。

日本国内では屋久島や白神《しらかみ》山地などの自然遺産をはじめとして、法隆寺地域の仏教建造物、古都京都の文化財など、勝れた文化遺産等々、十三の世界遺産がすでに登録されている。二〇〇四年の「紀伊山地の霊場と参詣道」は、この中で文化遺産と自然遺産の両方の要素を兼ね備えた複合遺産ということになる。

そしてここに含まれる参詣道は、日本人の宗教的な営み、信仰が千年余におよんでつくり上げてきた祈りの道である。この無数の人間の足跡が世界遺産になったに等しい。

しかも熊野古道によって結ばれる熊野本宮大社をはじめ、熊野速玉《はやたま》大社、熊野那智大社と同じ山内に隣接する青岸渡寺《せいがんとじ》、さらに那智大滝を囲む分厚い常緑の原生林、そして熊野と吉野のあいだを大量の水気を含んだ稜線がうねる大峯奥駈け道は、日本の宗教史上に、奈良時代以降に顕在化してくる修験道《しゅげんどう》の道場であった。

世界遺産に含まれる吉野・大峯山系の自然と社寺、熊野三山を構成する社寺、それに高野山金剛峯寺へと辿る高野山町石《ちょうせき》道、さらに熊野古道の名で知られる四本の参詣道等々は、長いあいだ修行の世界だったのだ。日本人はこうした、濃密な自然の息吹きに満ちた世界を辿ることによって、過去・現在・未来におよぶ人間のありようを考えてきたのである。

それでは日本人は、紀伊山地の名で総称されるこの山と海、森と川と滝と巨岩が山の背をおおう道を辿り、何を求めてきたのだろうか。

平安時代後期から鎌倉時代にかけて、上皇・貴族を中心とする熊野《くまの》詣《もうで》の多くは、京の都から和歌山県西の海べりを辿って、田辺《たなべ》から内陸のさらに険しい道を辿る、中辺路《なかへち》ルートが多くつかわれた。だが、この熊野詣は多くの庶民の参詣をまねいた時代におよんでさえ、生と死の間《あわい》を意識させずにはおかない宗教行為そのものだった。

建仁元年（一二〇一）、ときの上皇後鳥羽院の熊野詣に随行した歌人藤原定家《ふじわらのさだいえ》の〈後鳥羽院熊野御幸記《ごとばいんくまのごこうき》〉には、「崔嵬嶮路《さいかいけんろ》」（山がごつごつして険しい道）とか「嶮難遠路」（道は険しく、目的地は遙かに遠い）といった言葉が目立つ。

定家は道中、体調も悪かったらしく「心神無きがごとく、殆ど前途遂げ難し」とまで告白している。こうした厳しい道中の後半には、先達《せんだつ》の山伏が道案内に立つように、中世の時代、熊野本宮に至る参詣道は、そこを辿る誰もが、修験道を追体験することになるくらい苦行に等しかった。だが、それほどまでして熊野本宮を目指したのは、みずからの修行が有縁《うえん》の生者・死者に代わって果たす「代受苦《だいじゅく》」の罪《ざい》障《しょう》消滅《しょうめつ》になるからだった。

自分がこの世において犯したもろもろの罪業《ざいごう》の結果、来世《らいせ》で受けなければならない「六道《ろくどう》の苦痛」を、この世に生きているあいだに体験しようとする〈滅罪《めつざい》の苦行〉が熊野詣であった。

しかも熊野詣にあたっては、上皇であろうと出立の前七日間は精進屋《しょうじんや》に籠もり、厳重な禊祓《みそぎはらえ》をしなくてはならなかった。さらに道中にあっても、九十九王子社といわれるいくつもの社に参り、禊祓をしたのである。それも肌寒い風が吹こうが水垢離・潮垢離をくり返したというくらい、心身におよぶ穢れにはつねに敏感であった。

もちろん、こうした罪障消滅を意識した行《ぎょう》の極まりは、大峯山系の山谷およそ一八〇キロを駈ける〈大峯奥駈け修行〉で、その原点に役行者《えんのぎょうじゃ》の異貌が目を光らせているのだ。

山系の北に位置する吉野山山上は、役行者の一千日におよぶ山籠修行の聖地であり、役行者の名によって、神仏習合の独特の宗教形態を育んできた修験道発祥の地である。

奈良時代の仏教説話を集めた『日本霊異記』（以下『霊異記』）には、熊野の海べり、山中で法華経読誦の修行をしながら、伊勢国へ向かうひとりの聖《ひじり》の話がのっている。

聖は山中で法華経を唱えながら、みずから断崖上から身を投げ〈捨身往生《しゃしんおうじょう》〉を遂げるのだが、熊野には凄絶な行の実践をうかがわせる、修験者の足跡が古くからあった。

海べりの険しい道を辿るのが〈辺路《へじ》修行〉だが、この辺路が「遍路《へんろ》」に転化してゆく。そして常緑の樹林が山地をおおう熊野には、この世の明るさとは異なる、来世・他界の明暗が交錯して見えてくるのである。

古樹・巨樹や滝、湧水や巨岩等々が礼拝の対象ともなった原始信仰の世界は、いわば生命の原質に向き合う世界だった。だからこそ異なる宗教の受容に柔軟になれるのだ。そしてここに神仏習合が育まれる土壌があったのである。

日本宗教の古層をうかがうことのできる巨岩のひとつに、東から熊野三山巡礼へと向かう伊勢路の海べりにそそり立つ「花の窟《いわや》」がある。「伊弉冉尊《いざなみのみこと》の墓」と伝承されてきた、高さ四十五メートルほどの、垂直にそそり立つ岩壁というより岩山。

さらに熊野川の河口に近い権現山の山上には、ゴトビキ岩の通称で知られる巨岩が祀られている。海から海上の自分の位置を確認するランドマークの役をも果たしてきた巨岩がおおう山上は、神武天皇が北の大和へと進軍して行く途上で、草薙《くさなぎの》剣《つるぎ》をさずかり、八咫烏《やたがらす》の道案内を得ることになる『古事記』（以下『記』）『日本書紀』（以下『書紀』）伝承の舞台でもある。

このうち、目の前の黒潮の流れを実感させる暖地性植物に囲まれた花の窟については、『書紀』の巻第一に見える神代上に「一書に曰く」として「伊弉冉尊、火神を生みたまふ時に、灼かれて神退去《さ》りましぬ。故《かれ》、紀伊国《きのくに》の熊野の有馬村に葬りまつる」とあるのがそれで、さらに「土俗《くにひと》、此の神の魂を祭るには花の時には亦《また》花を以《も》ちて祭る。又鼓《つづみ》・吹《ふえ》・幡旗《はた》を用《も》ちて、歌舞《うたひま》ひて祭る」とある。

古代祭祀の聖地、神倉山のゴトビキ岩。

花の窟「お綱かけ神事」。

火神を生んだことから亡くなり、葬りまつられたという、日本の女神の元祖といってもいい伊弉冉尊の墓所といい伝えられてきた花の窟。だが『書紀』によれば、神の魂を祭る死者儀礼と思われるそれが「花の時期には花を供えて祭り、鼓・笛、幡旗をもって、歌舞を演じて祭っている」というのである。

毎年二月と十月の二日に花の窟で行われる「お綱《つな》かけ神事」は、すでに『書紀』編述の以前に行われていたと考えられる神祭りを伝えていると思われる。いまこの神事では、巨岩にかけられた綱に季節の花や扇が結び下げられ、この綱を参詣の人々一同が引き、海岸線が美しい七里御浜《しちりみはま》の海べりにまでおよぶ。ここには女神の霊魂が巨岩から綱を伝って人々におよび、さらにその霊魂が海の彼方の常世国《とこよのくに》へ還って行くことが暗示されてもいる。

神楽鈴を手にもつ少女たちによる巫女舞が墓前(神前)に奉納されるこの神事は、まさに女神を祀ることによって適うであろう豊穣を予祝する儀礼と考えられる。

そして一方、インドネシアのバリ島に伝えられる祖霊祭であり、新年祭でもある「ガルンガン祭」では、村の各家々の前に、たわわに実ったいくつもの稲穂をくく

バリ島の「ガルンガン祭」。

りつけ、弓なりに撓《しな》った長い竹が二本ずつ立てられる。すでに豊穣が約束された、予祝の意味をもつ、ペンジョールとよばれるこの竹に、祖先の霊が降りて来るのだといい、また島の聖山グヌンアグンの神が降りて来ると信じられている。

「お綱かけ神事」における、季節の花が結ばれた綱と、バリ島の代表的な年中行事ガルンガンにおけるペンジョールとは、ともに霊魂を迎え祭ることによる予祝の儀礼という意味をもち、その雰囲気は近親関係にあるようにさえ見える。

花の窟を墓所あるいは女神の化現《けげん》ととらえるここには、女神の霊を祖霊として受けとめる日本人の民俗信仰が生きている。花の窟は、琉球諸島の基層宗教を示す御《う》嶽《たき》信仰とも通底する巨大な神の依代《よりしろ》でもあるのだ。しかも『書紀』の神話が、有形無形に日本人の宗教的観念をより具体的に育んできたのである。

熊野とバリ島。海に間近かな稲作文化の風土に伝承される共通の霊魂観。アジアの海を潮の流れに促されて各地に伝わり、民間信仰化した仏教、あるいは道教、神仙思想は、その海沿いに、その地ならではの融合宗教を生みだしてきたのである。

修験道が、海の熊野に顕在化する奈良時代、辺路《へじ》修行者であり、山籠修行者であった彼らにとって熊野の海べりは、異国の客人神《まろうどかみ》が黒潮にのって流れ寄る、いわば異文化に触れる接点であったのではないか。

熊野市の須野湾に面した森には、流れ着いた異国の神を祀ると思われる寄木《よりき》神社がある。異国の神を客人神、マレビトとして受け入れることが、異文化との融合を示しているのである。熊野に行《ぎょう》を重ねる修験者にとって、行の行く手に出会うあらゆる神は、行の成就に力を貸してくれる強い味方でもあったのだ。そして修験者による実践こそが、異なる宗教の融合をより積極的に促すことになるのである。

古代性に根ざした熊野という宗教風土に、法華経信仰や浄土教が習合してゆき、道教・神仙思想との融合が永世信仰を導き、密教が即身成仏を説くことになる。そして常世国《とこよのくに》につながる熊野の海は、観音の浄土補陀落への渡海を促してきた。

熊野の樹林はいまも深く、紀伊山地の霊場と参詣道は、いまも日本人の精神の古層を目覚めさせ、日本宗教のアジア的融合がもつ意味を問いかけてやまない。

第一章

日本人は神仏をどうとらえたか

【一】寺に詣で、神社に参る日本人

新しい年を迎え、初詣での人々で賑わうのは神社ばかりではない。毎年、正月三ヵ日の初詣でで、参詣者の多かった順にベストテンが新聞紙上に発表されるが、そこには神社があり、寺もある。そしてこの中には神社に参ったそのあと、寺々に詣でる人も少なくないだろう。

たとえば関東地方ならば、鎌倉の鶴岡八幡宮に参詣したその足で、禅寺の建長寺や円覚寺に詣でる人も多い。関西ならば、湖西の日吉大社に参り、比叡山山上の天台宗総本山延暦寺に詣で、あるいは京都の八坂神社に参り、近くの浄土宗総本山知恩院に詣でる人も珍しくない。

となると、参詣者は鶴岡八幡宮で応神天皇、神功皇后、比咩《ひめ》大神等々の祭神に参り、建長寺では本尊の延命地蔵尊に、円覚寺では本尊釈迦仏に詣でたことになる。あるいは日吉大社では祭神大己貴神《おおなむち》、さらに大山咋神や八幡神等々に参り、延暦寺

日吉大社の入口に立つ山形の鳥居。

では秘仏本尊の薬師如来等々に詣で、八坂神社では素戔嗚尊《すさのおのみこと》、櫛稲田比売命等々の諸神に参り、知恩院では本尊の阿弥陀如来に願いを託すことになる。

こうして年のはじめに神社に参り、一年の無事と商売繁盛を祈り、寺に詣で身体健固、諸願成就を願ってその一年の出発を実感する。

ここでは日本の古来の神々、仏教の諸尊像が参詣者のさまざまの願いを受けとめることになる。寺社に詣でる人々も、この多様な祈り、願いになんの矛盾もなく、参詣した神社にどのような神が祭られているのか知らなくとも、寺院の本尊がなんであるのか知らなくとも、少しも不都合はない。

日本人にとって神社に参り、寺に詣でることが大事なのだ。

いや初詣でばかりではない。

観音信仰に熱心な人、お地蔵さん詣でに熱心な人が、地域の氏神《うじがみ》さんに参り、お伊勢参りもする。元旦に日の出に手を合わせ、山上でご来光を拝み、月の満ち欠けに人生の行くえを思い、かつて日本人は日喰に不吉な予兆を見てもきた。

子供が七五三を迎えた家では、母子そろってもよりの神社にお参りをし、お札《ふだ》を受け、神前やキリスト教のチャペルで結婚式を行い、仏寺で葬儀を営む。

神社の境内にはスギやヒノキ、イチョウ、カツラ、ケヤキなどの巨樹をご神木として注連縄《しめなわ》をめぐらせているところも多く、巨岩も注連縄を受け、カミの依代《よりしろ》として神聖視されている。

集落に近い山が端《は》（葉）山《やま》とよばれ、先祖の霊が鎮もる霊山として見られ、山の神と、里に豊穣をもたらす田の神との連動を信じてもきた。また、湧水地には水神を祀り、元日の朝、汲み上げる浄水を若水とよんで年神へ供え、若水を蘇りの水として一家で飲み、一年の邪気が祓われることを信じてもきた。

密教寺院での護摩修法に、人々はさまざまの祈願をこめるが、僧侶が不動明王や愛染明王のご真言を唱え、護摩木を火中に投じるその修法の道場には、日本中の大小の神祇が勧請《かんじょう》されなくてはならなかった。

護摩修法は主尊の仏と神々との合力によって、はじめてそこに籠められた祈願の旨が実現されると信じられてきたのである。

三月の前半に行われる奈良東大寺二月堂の修二会《しゅにえ》は「お水取り」の名で親しまれている。ここでは秘仏の十一面観世音菩薩像を前に、十四日間にわたって、十一人の籠もりの僧たち（練行衆）による、昼夜におよぶ懺悔《さんげ》の行《ぎょう》が実践される。そして修二会のハイライトは、三月十二日の深夜に、閼伽井屋《あかいや》での閼伽水（浄水）を汲むことにあった。

さらに十一面観世音菩薩像を安置する厨子の前の一千面ともいわれる白モチや、そこに荘厳された造花による紅白の椿の花々は、懺悔の行によって祈願されるその年の豊穣が適うことを予め《あらかじ》祝う「予祝《よしゅく》の儀礼」をも意味していた。

毘盧遮那《びるしゃな》仏（大仏）を本尊とする、東大寺境内にある二月堂の主尊十一面観世音菩薩像を前に行われる修二会には、日本の古神道につながる浄水（若水）を汲む行事や、豊穣を祈る神事と仏教の懺悔の行が融合しており、ここには古代インド、ペルシアの宗教文化も融けこんでいるのである。

神と仏。自然崇拝と二千五百年前のインドに生まれた仏教への帰依。ひとりの人間の宗教的な営みの内に、渾然一体となってつづく多くの日本人の信仰。ここには明確な仏教信仰者としての認識にも、日本の神への信仰者としての意識にも、それによって優劣を峻別するような排除の思想はない。

ならば日本人にとって宗教は、どんな意味をもつものなのか。日本人の信仰は何にたいして行われてきたのだろうか。

寺に詣で、神社に参る多くの日本人の宗教的な行為は、いわれるように日本人の曖昧な信仰、宗教的な感性にもとづくものなのだろうか。いや日本人の、こうした古くからの神々の世界と、外来の宗教である仏教や道教、陰陽道等々との融合世界の受容は、どんなところに源流があるのだろうか。

東大寺二月堂〈お水取り〉のクライマックス。松明を先頭に閼伽井屋に向かう。

【二】仏教の伝来――神の認識と釈迦仏

奈良時代の養老四年（七二〇）、日本で最初の勅撰の歴史書とされる『日本書紀』が編修された。

神代の時代から第四十一代持統天皇までの歴史を大旨、編年体で記した『書紀』巻第十九の欽明《きんめい》天皇十三年（五五二）冬十月の項には、百済の聖明王から釈迦仏の金銅像一軀と経論若干巻、そして仏殿を荘厳するための「幡《ばん》」などの献上のあったことが記されている。

日本へ仏教が公けに伝来したことを明らかにした、これは記念すべき記録だが、ここには仏教という文字はなく、是法《このほふ》と記され、これがもろもろの法のうちでもっとも勝れたもので、無限の幸福をもたらすと、聖明王からのお墨付きまで添えられていた。

ここでいう是法（あるいは妙法）とは「すべて物事が思いのままになる」ありがたい教えで、そういう法として仏教が伝来したことになる。

むろん、これほどの宣伝効果はなく、ときの欽明天皇は使者の説明を聞き終えると「躍り上がって喜び」、「私はこれまで、これほどすばらしい法は聞いたことがない」と狂喜する。

贈られた仏像の容貌が「荘厳で美しく、今までまったく見たことがないものだ」とまで驚き、感動しながらも、天皇《すめらみこと》は仏教を受け容れるか否かに自信はなかった。

そこへ大連《おおむらじ》（大臣と並んで国政に参与する最高官）物部尾輿《もののべのおこし》や中臣《なかとみ》連鎌子らが「我が国家の王《きみ》は、つねに天地の百《ももあまり》八《や》十《そ》神《かみ》をもって、春夏秋冬にお祭りしてこられました。いま、それをあらためて外国人の信じる神を礼拝なさるならば、おそらく国神《くにつかみ》の怒りを受けるでしょう」と、仏教受け容れ反対を言上することになる。

『書紀』によるかぎり、五五二年以前の日本にはまだ国家として仏教が受け容れられていなかったことになる。だが天平十九年（七四七）の成立になる『元興寺縁起』では、仏教伝来は五三八年のこととなっており、ここでは「我等が国は、天社国社一百八神を祭っている。この国神の心が恐しいので、他国の神は礼拝すべきではない」とある。

いずれの記録も、日本へ外国の神である釈迦仏が入ってきた当時の戸惑いぶりを伝えている。

『記』『書紀』ともに明らかなように、日本には神代《かみよ》の昔から多くの神々が認識されており、それらを四季折々に祀り、豊作や流行《はやり》病《やまい》の平癒など、もろもろの願いを託していた。釈迦仏の受容に反対した人々は朝廷の祭祀氏族でもあるが、ここには朝廷を構成する当時の大豪族間の葛藤がむろんあり、それが外国文化への対応に大きな差のあったことを物語っている。

とどのつまりは受け容れに積極的だった蘇我稲目《そがのいなめ》に仏像を授け「試みに礼拝させてみる」ということになった。ところが、その後、国内に疫病がはやり、多くの人が若くして死んでいったことから、先の反対派がさらに天皇に奏上することになったのである。

「かつて、自分たちの計《はかりごと》を用いなかったために、このような病気を招いたのです」とせまり、「一刻も早く仏像を投げ棄て、きたるべき幸福を求めるべきです」と天皇をせきたてたことから、仏像は難波の堀江に流し棄てられ、蘇我稲目がつくった寺も火をつけられ、全焼してしまう。

諸外国ではみなが礼拝し、充足しないことなどないとまでお墨付きのあった釈迦仏は、一方では願いが適う、ありがたい外国の神として受け容れられ、一方では、もともと祀ってきた日本の神々の怒りの対象になると猛反対されたのである。

ここで釈迦仏は、幸福を招く客人神《まろうどがみ》として期待され、一方で祟り神《たた》として排除されたことになる。

それまで見たこともない容貌の釈迦仏が伝来した。これは自然崇拝に根ざした多くの神々を礼拝の対象としながら、その神々の姿をかたちにしてつくることも、見ることもなかったであろう多くの日本人にとっては事件であり、蘇我稲目が感激したように「容貌が荘厳で美しく」とは受けとめられなかったのではないか。

物部尾輿《もののべのおこし》らが「蕃　神《あだしくにのかみ》」とよんだのは、単に外国人が信じる神というより、自分たちの知らない異民族が信じる、どこか怪しい神ともとらえたからにちがいない。

だからこそ、蘇我稲目らが家を寺とし、釈迦仏を祀ったのちに発生した疫病さわぎは、ただちに蕃神を祀り、国神をないがしろにした祟りなのだと決めつけられたのであろう。第一、仏法受容に「私ひとりで決めるわけにはゆかない」と迷っていた天皇みずからが、仏像を投げ棄て、寺を焼きすてることに納得したのである。

むろん百済からお墨付きを添えられた「ありがたい仏法」や釈迦仏等々のプレゼントは、当の百済が長いあいだ隣国新羅の脅威にさらされ、日本へ援軍を求めつづけていた聖明王の切実な本心があったことによるだろう。六世紀のその頃、百済はさらに厳しく新羅・高句麗に攻めたてられていたのだ。

「仏教伝来」という日本の歴史を左右したともいえるでき事。これは、三世紀から六世紀ころにかけて、日本が朝鮮半島の南部地域の任那《みまな》とよぶ勢力圏に官家《みやけ》をおき、半島支配の軍事的拠点としていた情況をも背景とした政治的事件でもあったのだ。

しかし反対派によって寺に火がつけられたとき「天に風雲もないのに、突然大殿に火災が起った」と『書紀』は記している。釈迦仏を受け容れたことが祟りをまねき、また釈迦仏を難波の堀江に流し棄て、寺を焼いたことが大殿に火災をおこすことになったと人々は受けとめたのだ。

国神の世界に現れた蕃神としての釈迦仏。ここにたち起こった人々の動揺は、当時の日本人と神仏との関係を如実に示していよう。日本人にとって神は、それが国神であろうが外国人の信じる神であろうが、その神が幸福をもたらすのか、祟りをまねくのか、それが問題であったのだ。

そして六世紀半ばの日本。この時代に勢力を持った豪族たちは、それぞれに氏神をいただき、その神を祀ることを怠ることはなかった筈だ。仏法受容に積極的であった蘇我氏も一族の氏神を祀り、一方では祈念が思うように達せられるという仏法・釈迦仏への強い関心をもっていたのである。

【三】神・カミ・タマ――『記・紀』の神々と民俗神

天武天皇の命にはじまり和銅五年（七一二）に完成した『古事記』は、この八年後に編述される『日本書紀』にくらべ、とりわけ神話的な伝承が多い。仏教伝来の記録もない。

『記』はそのはじまりに、天と地が初めてあらわれ動きはじめたとき、すでに高《たか》天原《まのはら》という天の世界があったことを記している。そしてそこには天の中心にある天《あめ》之御中主神《のみなかぬしのかみ》・高御産巣日神《たかみむすひのかみ》・神産巣日神《かみむすひのかみ》という三柱《みはしら》の神が成ったという。

この天地のはじめに登場する神々が「産巣日《むすひ》」の神であることに、日本の神々の本質が秘められている。「ムス」は「生成」の意味をもち、「ヒ」は「霊力」ともいうべきエネルギーと考えられ、こうした神の名には、あらゆるものを生みだす、生成力が神格化され、体現されているのである。

のちに「神世七代《かみよななよ》」と総称される十柱の神々がつづくが、このうちの伊邪那岐命《いざなきのみこと》・伊邪那美命《いざなみのみこと》（『書紀』で伊弉諾・伊弉冉）の二柱の神にたいし、最初に登場した、いわば天地の世界の根源といえる五柱の神々の意志によって、いまだ漂い、不安定な国土を、あるべきすがたに整え固めることが要請される。

ここに明らかなことは、『記』における神話が、まず「天」という神々の住む世界（高天原）があり、地上世界のことごとくは、ここにある神々の意志によってはじまると語っていることであろう。

しかも、伊邪那岐命・伊邪那美命による国生みは、この男女神による性の交わりによって現実のものとなるのである。そして、二神が生みだす淡路島や四国・九州といった島々、つづく風や海、河、木、山等々の、自然に関わる神々の誕生は果てもなくつづく。

だが不思議なことに、ここには神々の出現だけがあり、人間のはじめについては語られていない。国土・万物・自然現象は神々の世界として語られ、あらゆる存在が神の名で語られてゆくのである。

日本の神々を八百万《やおよろずのかみ》神と総称することがあるが、それは天の世界（高天原）に成った神々の動きにともない生じる、世界の成り立ちひとつひとつが聖なるものとして肯定されていることを示唆している。日本の神々は、こうした多様な神々の誕生を語る神話に始原をおくことから、そこには突出した、超越的な唯一の創造神などという存在はない。だからこそ、八百万神の名で総称することができるのである。

修験道という生命肯定に基本をおく宗教は、自然・動植物・人間を含む世界を八百万神ととらえる宗教といってもいい。

山岳を修行の道場とした、実践に基本をおく修験道が、山川草木あるいは湧水、巨岩等々を祈りの対象とするのは、その実践修行自体が、世界の肯定にあることを語っている。

山頂を目指し、山を登ることが登拝《とはい》の名でよばれるが、それは山を辿ることが、山の征服ではないことを示している。しかも、修験道の行《ぎょう》には、川や滝に身を浸し、心身を清めるという、『記・紀』に語られる禊祓《みそぎはらえ》につながる実践が多様に含まれている。それは日常という世俗の空間に身をおく人間が犯すであろうもろもろの罪や穢れを、祓い清めることによって山を辿らなくてはならないという、山岳への神聖視があり、水の浄化力にたいする信頼感があるからだろう。

山谷を跋渉する行者《ぎょうじゃ》は、日常の世俗空間を離れ、自然のことごとくに向き合い、祈りをこめることによって、生命の本質を目のあたりにし、そのエネルギーを体現しようとする。

修験道は「験《げん》＝しるし、あかし」を修《おさ》める道をきわめてゆくものだが、この「しるし」とは、自然がたたえる生命エネルギーのことである。修験者はこの生命エネルギーを体現し、密教の真言・陀羅尼を駆使し、祈願を成就しようとするのである。

四国の霊山として名高い石鎚山《いしづち》（一九八二メートル）を登拝する行者は道者《どうしゃ》とよばれてきたが、彼らは山上へ向かう前、七日間の精進潔斎をした。海で潮垢離をとり、川で水垢離を行い、世俗にまみれた心身を清め、山上へ向かったのである。

石鎚山の登拝にはかつて、本人にも家族にもさまざまのタブーがあり、それらを守ることによって登拝が適《かな》うと信じられていた。「オハライ銭」とよばれた風習も語り草になっている。それは、石鎚山の行者堂から山頂まで（この間がもっとも神聖視されていた）のあいだで便意をもよおしたとき、登拝者は地に紙を敷きその上に用便をすませ、さらに紙でおおった上に銭一文を供えたものだという。

こうしていくつものタブーと慣習がともなうこともあって、石鎚山の登拝者が山から村に帰ってくると、神社参拝をし、村内をめぐり人々のために祈ったあと、村人はその行者にワラジ履きのまま座敷に上がってもらい、そのまま庭へ通りぬけてもらったものだという。こうすることによってその家が清められ、もろもろの災難、障害をまぬがれると信じたのである。

霧氷がおおう石鎚山山頂から望む瓶ヶ森。

山の登拝者への神聖視は、山そのものがもつ人知を超えた力、霊力といったものへの畏敬の念にほかならない。山を下りた道者にたいして土下座してその上をまたいでもらったり、踏んでもらうことによって悪病退散を祈ったというかつての習俗も同じ観念によっている。

また日本各地に、ある年齢に達すると「お山参り」と称して、近くの霊山を登拝する習俗のあったこともまだ記憶に新しい。石鎚山では十五歳のときの山登りを初山とよんでいた。「お山参り」をすることによって、ひとり前の人間と見なされたのである。

そして『記・紀』の神話を辿れば、そこでは難しい漢字を付した多くの神の名に出会うだろう。しかも日本の神社の祭神の多くは『記・紀』に登場する神々である。だが日本人が日常の生活の中で認識してきたのは、神というよりカミというほうがふさわしい、いわば民俗的で霊的な存在であろう。

民間信仰では浮遊する霊をタマというが、それは外から何かに付着したり遠のいたりする霊的なエネルギーのような存在だった。たとえば稲が実るのは稲魂《いなだま》が稲穂や穀物に付着するからだと考えられてきた。穀霊というとらえ方もある。さらに人が死ぬと人魂《ひとだま》が浮遊するという民間伝承も多い。

それらはいずれも人知を超えた存在であり、だからこそタマはカミと認識されもしたのである。狐にいわれる予知能力にたいして動物霊が認識されるとき、それは稲荷神となって祀られることになる。

そして古代の日本人は、人知を超えたタマのはたらきを荒魂《あらみたま》・和魂《にぎみたま》としてとらえた。怨霊《おんりょう》や御霊《ごりょう》という祟りを生む恐ろしい活動をする荒魂を、宗教的にやわらげ鎮めることによって、それは和魂というプラスのはたらきをするタマとなると考え、やがて和魂がカミとして祀られてゆく。

したがって荒々しい現象を生む自然も、人がそこに人知を超えた霊威を認め、そこに生命のはたらきの始原を認識するとき、山川草木、流水、岩等々は神とも神の依代《よりしろ》ともとらえられるのである。

だから本来、日本人にとって神は、固有の名がなくてもよかった。

それは山神であり、水神、樹神でよかったのである。『記・紀』には雷や蛇なども畏敬の対象として、神とも目されてきた。自然の運行をたよりに農耕を営む人々にとって、人知を超えた力をもつ生きものや自然現象にたいして、神を認識してきたのはむしろ当然であろう。

日本人にとって、畏敬の念をいだかせる現象、存在、それが神だったのだ。修験道という宗教は、こうした日本の神・カミ・タマのありようと、その顕在化を実践修行のうちに示唆してみせる。ここに、修験道を通して日本人の神の認識、さらに外来の宗教との融合が何を意味するのかを問う意味があるのだ。

【四】天皇・豪族たちの信仰

のちに役行者との関わりが伝承にのぼることになる葛城の一言主大神《ひとことぬしのおおかみ》は、『記・紀』ともに雄略天皇（在位四五六―四七九年）との出会いを通じて登場する。

それは百官をともない葛城山を登りに出かけた天皇が、葛城山の向かいの山裾から、天皇の行幸の列にそっくりの服装をした、同じような人数の一行が登るのに出会うことからはじまる。

このとき天皇のよびかけにたいして、同じ言葉がかえってくるという、まるで山《やま》彦《びこ》現象のようなやりとりのあと、向かいの山から「私は悪《あ》しき事も一言、善《よ》き事な

［上］葛城山系と山麓の集落。ここに高鴨神社が鎮もる。
［下］一言主神社。銀杏の古木は樹齢千五百年という。

りとも一言のもとにきっぱり言いはなつ神、葛城之一言主大神である」という言葉がかえってくる。ここで天皇は恐れかしこまり「恐れ多いことです。わが大神よ。私は人間なので、あなたが神であることに気づきませんでした」と、刀や弓矢をはじめ、百官の人たちの着ていた衣服を脱がせ拝礼し、その神に献上したという。

『記』にあるこの記述で見るかぎり、大和の西側を画して河内とのあいだに分水嶺をなす葛城山の神である一言主大神は、善悪ともに「一言のもとに言いはなつ神」つまり託宣の神であると想像できる。ここでは一言主大神にたいして「恐れ多いことです」と恐縮して贈物を献上さえする雄略天皇と神との関係が想像されるのである。

もっとも『書紀』において同じような場面設定で登場する神は、単に一言主神として現れ、天皇とともに狩猟を楽しんだあと、天皇を見送りさえする。だが、いずれも通常、人の前に姿を見せない神が現れたことから、天皇の有徳が示唆されている。だが、五世紀半ばの時代、大和王朝に向き合う山に勢力をもつ託宣の神は、みずから名のりでていることからも推察できるように、そこにはすでに、王朝を守る神としての立場がはっきりしていたと考えられる。

同じ雄略記に、天皇が大和の「三諸岳《みもろのおか》の神の姿を見たい」と、お付きの少子部《ちいさこべの》連蜾蠃《むらじすがる》に「捕らえて来い」と命じる話がのっている。ここで明らかなことは、三諸岳の名でいわれる三輪山の神大物主神《おおものぬしのかみ》が、もともと天皇に服従しなかった神であったことと、その神の本質が大蛇《おろち》であり雷であるらしいということである。だが、ここでも天皇と神との上下関係は、もはや明らかであろう。

むろん出雲系の神であり、日本神話の中心的な神である大物主神は、いくつもの名をもち、いわば荒魂・和魂の両面をもつ神で、国内に災害をもたらす恐ろしい神でもあった。『書紀』の記述は、こうした神への天皇の密かな恐れを語っている。

問題は葛城の、いまの御所《ごせ》市に点在する鴨都波《かもつば》神社や高鴨《たかがも》神社等々が祀る事代主《ことしろぬし》神が、『延喜式』の「出雲国造神賀詞《かむよごと》」に明らかなように、大物主神の子神とされていることだ。つまり、これらの神々は一言主神と同様に、葛城山一帯の地主神であったのである。役行者の出自は、まさにこの葛城にあったのだ。

ところで欽明天皇の十三年（五五二）に仏法の伝来があったが、すでに触れたように、天皇は一貫して仏法の受容に不安を抱いていた。それは朝廷を構成する蘇我・物部という二大豪族が、仏法受容に正反対の対応を示していたこと、またその仏法が願望成就にはたらくのか、あるいは祟りを生むのか、まったく見当もつかなかったことによるだろう。

しかも伝来の釈迦仏は、外国人の信じる神として受けとめられていた。当時、天皇はつねに天地の百八十神を春夏秋冬に祀り、豪族たちはそれぞれ一族の守り神である氏神を祀り奉じていたのである。

天皇をはじめ、豪族たちも、五穀豊穣や病気平癒等を祈り、古来の神々を祀っていたわけだが、そこには神がもたらすであろう恵みと祟りへの畏れがつねにあったにちがいない。いわば神の両義性にたいする国家の長《おさ》の徳の有無が問われていたのである。

さらに茅渟海《ちぬのうみ》（大阪湾の南の海）に仏教の音楽のような音（梵音）が聞こえたことから、その海を捜すと樟木《くすのき》が浮かんで輝いていたという話もある。そこで天皇はその木を画工《えたくみ》に命じて、仏像二軀を造らせたが、それは光を放つ樟の仏像になったというのだ。

ここで樟木は神木と目され、仏像は神木のひとつの姿とも受けとめられ、崇められていたことがわかる。

百済と新羅の戦いが、聖明王の死によって、あらたに大和の朝廷の不安を呼びさます中、新羅によって任那《みまな》の官家が撃ち滅ぼされる。そして欽明帝は皇太子に、新羅を討ち、任那を建てることを託して崩御するが、このとき河内の古市で殯《もがり》が営まれる。

人の死後、遺体を埋葬するまでのあいだ、棺に納めて喪屋内に安置し、その前で

鴨社の原点といわれる高鴨神社。

近親の者がさまざまの儀礼を営み、幽魂を慰める習俗である殯は、日本古代の葬制の一種であった。

ここでは、殯庭《もがりのにわ》において、亡き天皇の死をいたみ、天皇の霊にたいして、生前の功徳などを述べる誄《しのびごと》がある。

この誄の様子を敏達天皇崩御（五八五年）の記事（『書紀』）に見てみよう。

大和の広瀬に造られた殯宮において、大臣《おおおみ》の蘇我馬子が、腰に大刀を帯びて誄を申し述べるのだが、その様子を大連の物部守屋は「大きな矢で射られた小さな雀のようだ」と揶揄して大笑いする。さらに、つづいて手足を震わせ、誄を申し述べる守屋を見て、馬子は「震える手足に鈴をつけるとよかろう」といって笑う。

二大豪族がさらに敵対する要因ともなるでき事だが、馬子も守屋も、天皇が生きているときの徳行を、身ぶり手ぶり感情をこめてたたえたのであろう、これが殯宮において誄を申し述べることだった。ここには、他界した死者への語りかけではない、生きているがごとき人への語りかけがあったにちがいない。つまり殯の儀礼が行われているあいだ、棺に納められた人は死者ではなかったのである。

「幽魂を慰める」という習俗は、その意味で生と死の境界にある、不安定な霊魂にたいする儀礼と考えられる。

ところで当の敏達天皇については、その即位前紀に「天皇、仏法を信《う》けたまはずして、文史《ぶんし》を愛《この》みたまふ」と記されている。仏法より文学と史書を好んだというのである。

敏達天皇の時代、百済国王からさらに経論若干巻とともに、戒律に通じた律師や禅師、比丘尼と呪禁師《じゅごんし》、造仏工、造寺工の六人が献上されている。

このうち呪禁師は「仏法の呪《まじない》を誦して病気や災難を祓う人」といわれ、呪文、陀羅尼のような文句を誦す、呪術的な医療にたずさわった人と考えられる。律令制において宮内省の典薬寮に俗人の呪禁師二人、呪禁博士一人が置かれていた。

そして敏達天皇十三年には、蘇我馬子は高麗の恵便《えべん》を師とし、司馬達等《しばたっと》の娘島《しま》ら三人の女性を得度させ、仏殿に弥勒の石像を安置したとある。

このとき、馬子に献上された仏舎利を、ためしに鉄床の上に置いて、鉄の鎚《つち》で打ちつけたところ、鉄床と鎚はすっかり砕け壊れたが、舎利は破損しなかったとある。その上、舎利を水の中に入れたところ、それは心の願うままに浮かんだり沈んだりしたという。この、まるで奇術めいた現象によって、馬子らは仏法を信仰し、修行を怠らなかったというのである。

しかし馬子も病気になると、卜占《ぼくせん》を職とする卜者《うらべ》に病気になった理由《わけ》を尋ねたりしている。そしてまた国に疫病がはやり、人民がたくさん死ぬと、物部守屋の奉上によって天皇の詔があり、再び寺が切り倒されて焼かれ、仏像・仏殿も焼かれ、焼け残った仏像は難波の堀江に棄てられているのである。しかも、先に得度した善信尼らをよび出し、鞭打ちの刑にまで処している。

仏法の公けの伝来から三十年余を過ぎても、それは奇跡的な力を発揮して見せる何かか、祟りを生む何かの、両極に受けとめられていたことが明らかだ。

天皇に近い蘇我馬子と物部守屋との対立がいよいよきわまってくるが、守屋は一貫して国神を祀ることを主張し、他神を敬うことに強く反対する者として登場する。用明天皇が病気になり、「仏に帰依《きえ》しようと思う」と述べたのを受け、馬子や天皇の庶弟《はらから》（皇弟）が筑紫の豊の国（豊前・豊後地方）にいた豊国法師《ほうこくほうし》を連れて内裏に入ると、守屋はこれを横目で睨んでたいそう怒ったという。

さらに馬子が諸王子にもちかけ、守屋を滅ぼそうと戦うが、守屋軍は強く、皇子たちの軍は三度も退却する。この皇子たちの中に厩戸皇子《うまやどのおうじ》こと、のちの聖徳太子がいたのである。そして戦況の危機に際し、厩戸皇子は霊木である白膠木《ぬりで》を切り取り、四天王像をつくり、頭上に置き「今もし敵に勝たせていただけるなら、必ず護《ご》世《せ》四王のために寺塔を建立しよう」と誓う。馬子も同時に勝利を願って仏法の守護神である諸天王・大神王に祈る。

大阪市にある四天王寺はこの乱、平定のあと、造建されたという。また、蘇我氏は誓願したとおり、飛鳥の地に法興寺を建立したとも記されている。一九五六年以降の発掘調査の結果、百済から寺工・瓦工などの渡来があったのを機に造建された法興寺は、塔と三つの金堂からなる、日本では他に例を見ない伽藍配置であったことが判明している。

五九二年、この年の十一月、聖徳太子の父にあたる用明帝の弟になる崇峻天皇が、蘇我馬子によって殺され、皇位が空白になっていた。そこで亡き敏達天皇の皇后であり、用明天皇の妹にあたる豊御食炊屋姫《とよみけかしきやひめ》が群臣の願いを受け、推古天皇として即位することになる。

このとき厩戸皇子は皇太子となり、一切の政務を執る、いわゆる摂政《せっしょう》として、大臣蘇我馬子と協力してゆくことになるのだが、皇子は叔父殺しの当事者と国政を運営することになったわけである。

聖徳太子は仏教を高麗《こま》の僧慧慈に習い、儒教の経典も専門の覚哿《かくか》という者に学び、憲法十七条を作る。そこで太子は「和を以ちて貴しとし……」ではじまるその第二条を「篤く三宝（仏・法・僧）を敬え」とした。

さらに現在の飛鳥寺の本尊丈六金銅釈迦像の原型を造立した太子は、釈尊の降誕を祝う灌仏会《かんぶつえ》を営み、七月十五日には盂蘭盆会《うらぼんえ》を行っている。西暦六〇六年のこの盂蘭盆会は、日本で最初の先祖供養の仏事と考えられている。

しかし一方で太子は「心をこめて神祇を礼拝せよ」とも群臣に命じているのである。また『書紀』の推古二十一年（六一三）の条に、片岡山に出かけた太子が、道端に倒れている飢えた人に出会う不思議な話が見える。

太子の問いに何もいわないその者に飲物と食物を与え、さらに衣服を脱いで、その者に掛け「安らかに寝ていよ」といったというのである。後日、この飢えた人が死んでいるのを太子の使者が見るのだが、太子の意向でその地に埋葬させ、墓をつくらせた数日後に、側近が来ると、墓に何も変化がないのに、中を開けてみると、屍骨《かばね》はすっかりなくなっており、衣服だけがたたんで棺の上に置いてあったという。

この飢えて死んだ者を「真人《ひじり》であろう」と推察した太子は、使者の持ち帰った衣服を、今まで通り着用したので、「聖《ひじり》が聖を知るというのは、本当なのだ」と時の人を不思議がらせたというのである。

この、なんとも不可思議な現象は、道教でいう、死後、蝉が殻から脱け出すようにして仙人となる尸解仙《しかいせん》のことで、不老長生の筋道を示した晋《しん》の葛洪《かっこう》の手になる『抱朴子《ほうぼくし》』（三一七年に完成）にある神仙譚に類似した話だった。

遣隋使を派遣して大陸との交流もはかった太子だが、同時に百済・新羅・高麗から入ってくるさまざまの文化を受けいれていた当時、聖徳太子の仏教帰依も、道教・神仙説・儒教等々と、境い目なく融合して受けとめられた、先進文化のひとつでもあったと考えられる。

むろん『三経義疏《さんぎょうぎしょ》』（法華経義疏・勝鬘経義疏・維摩経義疏）が太子の撰と伝えられ、「世間虚仮《せけんこけ》・唯仏是真《ゆいぶつぜしん》」（世のなかはいつわりにして、ただ仏だけが真実である）が太子の言葉として伝えられることは、とくに晩年の太子の仏教への沈潜をうかがわせる。しかしこのころ日本は、外来文化の受容に懸命の時代であり、そこには日本古来の宗教的価値観とのさまざまの衝突もあった。そんな時代だったのである。

第二章

役小角の出現

【一】伊豆嶋に流された役小角

天武天皇（在位六七二―六八六）の即位によって強化された律令体制は、持統天皇によってひきつがれ、それは中央集権国家体制を一層強めていった。

ここでいわれる「律」とは、刑罰をもって統治を強めてゆこうとするもので、それは神祇官《じんぎかん》と太政官《だじょうかん》に分けられた中央組織の機能によって、身分制度も明らかにされた。その上、神祇の祭祀関係をつかさどる「神祇官」の制定は、宗教者の身分や行動を、いよいよ国家の管轄のもとに置こうとする動きを徹底していったと考えられる。

そして時代は、天武天皇の制定になる飛鳥浄御原律令を拡大し、整備したものといわれる「大宝律令」の制定（七〇一年）へと向かっていたのである。

『続日本紀《しょくにほんぎ》』（以下『続紀』）の文武天皇三年（六九九）五月二十四日条に「役君小角《えのきみおづぬ》を伊豆嶋に配流した」ではじまる記録が見える。のちに修験者たちによって、尊敬の念をもって役 行者《えんのぎょうじゃ》とよばれることになる、修験道の祖に位置づけられる宗教者の、これが正史による唯一の記録である。

同条はつづいて「はじめ小角は葛木山に住み、呪術をよく使うことで名が知れていた。外従五位下の韓国 連 広足《からくにのむらじひろたり》は、小角を師として仰いでいたのだが、のちに能力を害せられたので、妖術で人を惑わしていると、事実を偽って悪口を伝えたことから、小角は遠隔の地（伊豆嶋）に配流された」という。

ここに登場する、役小角配流の原因となったと思われる韓国連広足は、この年から三十年余の後の天平四年（七三二）十月十七日の条に「外従五位下の物部韓国連広足を典 薬 頭《てんやくのかみ》に任じた」とあるように、官の医師・医博士らを管轄する典薬寮《くすりのつかさ》の長官に栄進しているのである。

当時、宮廷典薬寮の呪禁師《じゅごんし》かその見習いであったと思われる広足の職務は、仏教あるいは道教による呪文を唱えながら医術をほどこす毉《くすし》の分野にあったと考えられる。その宮廷の呪禁師が小角を師と仰いでいたのである。

『続紀』の記録の後半は「世間ではのちの世まで、つぎのように伝えた。『小角は鬼神を自由に使って水を汲ませたり、薪《たきぎ》を採らせたりすることができ、もし鬼神が命令にそむくようなことがあると、呪術をもって自由を束縛した』」とむすんでいる。

正史の記録ながら、これは世間の風聞を伝えるようないいようである。しかも小角を怪しげな妖術つかいででもあるようないい方にも聞こえる。

だが、小角は宮廷の小役人の訴えくらいで、なぜ都を遠く離れた島への配流という重罪を負うことになったのだろうか。『続紀』の記録をたどるなら、ここに二つのキーワードがあることに気づくだろう。

そのひとつは妖術（で人を惑わす）であり、いまひとつは鬼神（を使役した）である。

記録にあるように「小角は葛木山に住み、呪術をよく使うことで名が知れていた」

というのだから、彼は葛木（城）山に修行し、おそらく道教による呪術、あるいは仏教の呪術的修法を兼ねて身につけていた、宮廷にも知られていた山林修行者だったと考えられる。

だからこそ典薬寮の役人が教えを請うたのであろう。その役人が能力を害せられたので、師の小角を「妖術で人を惑わしている」と、虚言《うそ》をもって訴えたという。つまり、すでに典薬寮の呪禁師かその見習いであったであろう広足の実力より遙かに勝る、小角の呪術的な力量は、広足をつねに圧倒し、容赦するところがなかったにちがいない。

ここに突きだされた「妖術で人を惑わしている」という訴えは、大宝律令の制定に向かって、おそらく国家が宗教者の行動をさらに厳しく管理し、統制しようとしている時代の動きと連動しているだろう。

妖術・妖惑とは、民衆を惑わす言動をいうが、国家によって管理された僧ではない、私的に山中に入って修行を重ねる、小角のような私度僧《しどそう》が「民衆を惑わす」ことが国家叛逆罪につながるととらえられたのである。

天武天皇在世中に、その第三皇子として、文武《ぶんぶ》に長じていた大津皇子が、天皇の晩年、国政に参画してその皇位継承の渦中にいたが、天武帝の死後、謀叛《むほん》の嫌疑によって捕らえられ、自死に追いこまれた事件があった。いやそれ以前、天武天皇は大海人皇子《おおあまのみこ》の時代、中央政界において声望が高かったが、後年、吉野に退き、兄天智天皇の死後、壬申《じんしん》の乱（六七二年）によって勝利し、飛鳥浄御原宮に即位していた。

歴代天皇の晩年に打ちつづいた皇位継承の暗闘の中で、有力者が山中に退去したり、逃れることとは、それ自体が不穏な行動としてとらえられたのである。

『続紀』の慶雲四年（七〇七）七月十七日の、元明天皇の詔《みことのり》には「山や沢に逃げ、兵器などをかくしもっているものは、百日を経て自首しないときには、本来のように罪を科す」とあった。

さらに和銅二年（七〇九）十月十四日条には「畿内と近江国の人民が法律を恐れず、本籍地を離れた人間や、都に出て労務に役するように徴発されたにもかかわらず逃亡した仕丁らをかくまって隠し、ひそかに使っている」と告発し、逃亡者と隠した者とを問わず「ともに自首させよ」と命じ「期限を過ぎて自首しないときには律によって罪を科せ」と断じているのである。

僧尼令《そうにりょう》によれば、民衆を惑わすような書物を著したり、言葉をもって民衆を惑わすような者は「遠流《おんる》」の罪に科せられたのである。とりわけ小角がそうであるような私度僧の行動がとくに警戒された。

『続紀』にある、小角にたいする伊豆嶋への配流は、宮廷の一呪禁師の虚言偽り《うそ》の訴えによって生じた事件というより、朝廷がかかえる、名の知れた山中の呪術的修行者への潜在的な警戒心が断行した、妖惑の疑いによる罪の適用であろう。

役小角は、中央集権国家という、時代の為政者がかかえる、過剰な警戒心・恐怖心によって「人を惑わす」罪を科せられた修験者だったのだ。

そして小角は「鬼神を自由に使って水を汲ませたり、薪を採らせたりすることができ」たという。ここでいわれる「鬼神」とは何なのか。

そもそも小角が配流の罪を科せられた発端は、宮廷の呪禁師広足が、小角を師と仰いだことにあった。ということは、私度僧である小角が体得した仏教による呪術、あるいは道教の呪術的力量が、当時の宮廷の役人に知られるくらいに勝れていたということであろう。

ならば小角の呪術的力量は、何によって体得されたものなのだろうか。

欽明帝の時代に、公的に仏法、仏像などが伝来したとしても、豪族・氏族は、それぞれ古来の神を祀り、重んじていただろう。それに「はじめ小角は葛木山に住み、呪術をよく使うことで名が知れていた」とあるように、小角は葛木（城）山の修行者だった。

いうまでもなく、この葛城山には古来の神々がそれぞれ氏族と結びついて伝統的な宗教勢力をもっていたにちがいない。瀬戸内海につづく河内と大和との分水嶺をなす葛城山は、地理的にも、海からやってくる新しい文化にもっとも早く触れうる位置にある。

宮廷の役人などにはない小角の呪術的力量は、伝来の新しい宗教がもつ修法を体得したところにもあったという推定は充分に成りたつ。小角は、古来の神への祭祀・祈りに、その実践的修法において勝る、あるいは説得力をもつ呪術性を身につけていたのだ。

ここに「鬼神を自由に使って……鬼神が命令にそむくようなことがあると、呪術をもって自由を束縛した」という事態が生まれる。鬼神とは、葛城山に勢力をもった古来の山の神であり、鬼神を使って「水を汲ませたり、薪を採らせたりすることができ」たとは、新しい呪術的修法を身につけた小角へ、半ば帰依した、古来の神々を斎《いつ》き祀る山人の行動のそれであろう。

のちに役行者と尊称されるほどの小角に関する公的な記録が唯一、文武天皇三年（六九九）の条だけということは、なによりも小角が、いわば国家叛逆の罪ともいうべき、配流に処せられた宗教者であったことによるだろう。

伊豆嶋への配流とはただ事ではない。記録上、伊豆嶋への配流の初見は、天武天皇四年（六七五）四月十八日条の「三位麻続王《おみのおおきみ》の一子を伊豆嶋に流した」に見える。また奈良時代の神亀元年（七二四）三月条には、伊豆他五国が遠流の地とある。

むろん正史は、こと宗教者に関しては、同時代の行基にたいしてそうであったように、その人物が体制に反する行動によって排除されるか、特別の国家的な栄誉を授けられるかでなければ記録しない。だが役小角は「妖術で人を惑わす」という罪によって伊豆嶋に配流されることによって、伝説的な修験者となってゆく。なぜなら、修験道にかぎらない、日本の宗教者の民間における活動は、大なり小なり、不可知の神と仏教、さらに宗教の呪術性との融合によって実践されてきたからである。

妖術・妖惑とは、日本仏教がもつ呪術性が教団化され、論理化される以前の、古代性に根差した宗教活動にたいしていうことなのである。

【二】国家と山林修行者

役小角が遠島に処せられたという記録は、少なくとも七世紀から八世紀におよぶ歴史背景を知る上でも、むろん宗教事情を知る上でも、それがもつ意味はことのほか大きい。何よりも当時、王朝のある大和から遙かに離れた、のちに流人の島の名でいわれる伊豆嶋へ配流されたということは、死罪にも等しいことだろう。

だが実のところ、小角が配流された伊豆嶋がどの島にあたるのかはわからない。それでも正史に記録された配流の地と伝えられてきたのは伊豆の大島だった。かつてその島の海べりの大きな洞窟を前にしたとき、私は不思議な感慨に打たれたことを忘れない。

もし小角が当時、誰も身につけていないような宗教的な呪術力をもっていたとしたら、小角に関わる多くの人は、かつて接したこともない宗教者に出会う驚きをもったにちがいないと。

一日中、波の音が絶えない孤島の海べりである。私は海に向かって大きく口を開いた洞窟の奥から、目映い波頭を見つづけ、さらに具体的な小角にまつわる伝承を思い起こしていた。

平安時代のはじめ、弘仁十三年（八二二）ごろに完成する『霊異記』には、南都（奈良）薬師寺の僧景戒《きょうかい》の編になる仏教説話のひとつとして、役小角に触れた一文というより、小角絶賛ともいうべき説話（「上巻・第二十八」）がある。修験道の祖に関する説話の中で、現存最古のものである。

ここではまず、役小角が「役の優婆塞《えのうばそく》」として登場する。「役」は氏名《うじな》で、村人を使って公的な労働を提供させる役どころにある者のこと。また「優婆塞」は在家の修行者をいい、この時代、小角は半僧半俗の山林修行者だったことがわかる。

そして説話は、小角の出自について「賀茂の役《え》の公《きみ》で、今の高賀茂朝臣《たかかもあそん》」の系統にあるという。

『続紀』が編纂（七九七年）されてから三十年たらずの時代に完成した『霊異記』において、小角は超人的な行者ぶりをもって紹介されているが、ここには『続紀』にはない、小角の具体的な宗教性が明らかにされている。

説話は、小角が大和の国葛木上郡茅原《ちはら》村の出で、生まれつき賢く、博学で、仏法の信仰に篤く、つねに修行に励み、仙人とともに永遠の世界に遊び、心身を養うことを願っていたとあり、さらに四十有余歳にしてなお巌窟《いわや》に住み、そまつな着物をまとい、松の葉を食べ修行をつづけたという。

さらに小角は孔雀経《くじゃくきょう》の呪法《じゅほう》を修め、不思議な験力《げんりょく》を示す仙術を身につけ、鬼神を自在に使うことができ、多くの鬼神を誘い寄せ「金峯と葛城山との間に橋を架け渡せ」と命じたというのである。

そこで神々はみな愁えたが、このとき葛城山の一言主大神《ひとことぬしのおおかみ》が人にのり移って「役の優婆塞が陰謀を企て、天皇を滅ぼそうとしている」と訴えたため、朝廷は彼を伊豆の嶋に流したという。この、役の優婆塞逮捕には、彼の験力によって簡単にとらえることができないため、小角の母をとらえることによって捕らえることができたとある。

小角の修行には道教・神仙思想の反映が見られるが、基本的には彼の仏法への篤い信仰が、絶え間ない山林修行によって究められていたことをうかがわせる。しかも小角が修得したのは孔雀経の呪法だというのである。

毒蛇を喰う孔雀を神格化した孔雀明王は、一切の諸毒を除く能力がある尊格としてインドにおいて信仰の対象となり、その呪術的な経典（「孔雀王呪経」など）は五世紀に成立している。さらに孔雀明王の秘法である「孔雀経法」は、日本でも奈良時代には知られており、その呪文は雨請い（祈雨）、止雨、さらにもろもろの病い、害毒を除去し、息災延命・出産を祈って秘法が修せられた。

弘法大師空海が八〇六年に請来した金剛界・胎蔵の両部曼荼羅《りょうぶまんだら》に象徴される、大日如来を中心とした密教将来の百年以上前に、孔雀明王を本尊とした密教的修法を、役小角が修得していたことになる。真言密教ではこれを雑部密教（雑密）ともよんでいる。

もし小角が孔雀経法による呪法を修め、他に比較するものがない験力を身につけているとしたら、朝廷の呪禁師であろうと教えを請うにちがいない。そして問題は、彼が伝来の密教修法を体得することによって、少なくとも小角の在所である葛城山の神々を祀ることをつねとした、古来の祭祀儀礼を圧倒していったことであろう。

「鬼神を駆使して、なんでも自在になすことができた」という『霊異記』の小角評は、この現実を物語っているだろう。しかも小角が使役し、駆使した神々は、葛城を在所とする賀茂一族の神・高鴨神の仲間であろう。となると、その山の神を奉じ祀る人々にとって、小角は古来の神々がもつ力への否定者とも映るのではないか。先に触れたように、葛城山の神々は王朝の守護の役をになっているのだ。ここに小角の宗教的呪術性とその験力は、王朝守護の任にある神々への陵辱とも受けとめられかねない。葛城の一言主大神が、役の優婆塞を誹謗し、訴えたということは、こうした新旧の宗教、あるいは伝来の仏と神との熾烈な闘いを意味してもいるにちがいない。

韓国連広足によって小角は「妖術で人を惑わしている」と訴えられ、一言主大神によって「陰謀を企てている」と告発された。山中にあって修行し、呪術を身につけ、人を誘いだし、集め、教えを説く者は、妖惑する者として厳重な罪の対象となっていた時代である。

「山沢《さんたく》に亡命する者」つまり本籍を離れ、山や沢に逃げ、軍器などをしまい蔵《かく》しているものは、厳重に処罰されたのである。皇位継承という一大事にからむ、権力者たちの暗闘は、山林修行する者への警戒ともなって、とりわけ私度僧の行動は官によって注視されていた時代である。

だが飛鳥時代から奈良時代にかけて、これほどに警戒された山林修行者が、実は王朝の中心にいて活躍してもいたのである。

役小角と、その後半生が対照的とも見える行基《ぎょうき》（六六八―七四九）は、はじめ民間の呪術的布教者として、多くの帰依者を集めたことから、度々弾圧されていた。しかし後年、彼は大仏建立のための勧進聖《かんじんひじり》として尊崇を受け、日本で最初の大僧

行基菩薩像（重文・奈良西大寺蔵）。

正に任じられ、行基菩薩とまでよばれ、称賛されたのである。

この行基とその集団の行動にたいする言葉が『続紀』の養老元年（七一七）四月二十三日条に見える。

ここには「法律を設け、禁制をつくるのは人民の悪事を禁断するためである」にはじまる元正天皇の詔が記録されている。それによると「近ごろ人民は法律に違犯して、かってきままに髪を切り、たやすく僧服を着ている」とあり、「小僧の行基とその弟子たちは、連れだってみだりに罪業・福徳のことを説き、よくないことをたくらんでいる」と名指しで批判しているのである。

行基集団の中には、指を焼いたり、臂《ひじ》の皮を剥いで経を写したりする者があったらしく、そんな行動にたいし「よいかげんなことを説き、いつわって聖の道であると称して人民を惑わしている」と、たまりかねたような口ぶりで弾劾している。

中国に渡り、法相《ほっそう》教学を学びながら、帰国後の後半生に全国を遊行し、各地で土木事業を行った道昭（六二九―七〇〇）の弟子となり、その遺風を受けついだ行基。彼はさらに精力的に仏教の民間布教と社会事業に尽力し、当時、平城京造営のため全国から集められ、難民化した人々を私度僧として救ったことで知られている。

『続紀』に名指しで批判された行基らの行動は、僧尼令《そうにりょう》に違反すると弾圧されていたのだが、民衆を集め、導くその教化力は、やがて朝廷の脅威の対象から、大仏造立の協力者へと大きな転換を生むことになる。

遊行者であった行基もまた妖惑の罪を問われていたのである。先の詔では「すべて僧尼は、静かに寺にいて、仏の道を学び、この仏の道を世に伝えるのが任務である」とも述べられている。それが国家の求める僧侶の姿だったのだ。山林修行者であり、しかも他にはない仏教、あるいは道教的呪術力をもった役小角が、こうした規範をいかにはずれる人物であったかは明らかであろう。

民間布教につとめ、社会事業に尽力し、大仏造立に協力したことから大僧正に任じられた行基。一方、在所の山に修行を重ね、もっとも新しい仏教・道教による呪術力を体得し、その孔雀経の呪法によって民衆を助けてもいたであろう小角は、同族の山の神の反発をまねくことによって、遠島にまで処せられることになった。ここに明らかな、両極にも見える行者の境涯のちがいは計りしれない。

だが、いずれも私度僧として、その宗教的実践をきわめながら、弾圧の対象ともなった二人の生涯には、明と暗が映しだされながら、宗教の実践者がその人生において身に受けなくてはならない、言いがたい孤独が見えてこないだろうか。

いや私度僧から王朝の中枢に招かれ、活躍したのは行基だけではない。

北陸白山の開山者として伝えられる泰澄《たいちょう》（八世紀前半の人）は、十代の頃からの山林修行者だが、のちにその託宣能力・密教修法の力量によって、鎮護国家の法師に任じられ、元正天皇の加持によって神融禅師の号を賜ったといわれる。

そして大仏造立に生涯をかけたかに見える聖武天皇（七〇一―七五六）の晩年、病気がちだった上皇に侍して、その平復を祈った看病禅師《かんびょうぜんじ》とよばれた僧侶は百二十六人にのぼったと伝えられている。彼らは教学より、長年の山林修行などによって体得したその呪術的な力量によって選ばれた僧たちだったのだ。

聖武帝の第二皇女である孝謙天皇（重祚して称徳天皇となる）の看病禅師であった道鏡も葛城の山林修行者であり、如意輪法の修得者だった。また慈訓（六九一―七七七）や、入唐して玄宗皇帝から紫衣を賜った法相《ほっそう》教学の権威玄昉《げんぼう》（？―七四六）もまた看病禅師であった。

王朝は僧尼令によって、僧侶の活動を制限し、監視しながら、一方では天皇・上皇のさまざまな病いに際し、その平復を祈るための、呪術力をもった山林修行出身の験者を中枢においたのである。

聖武天皇の時代、諸国に国分寺・国分尼寺が設けられ、鎮護国家が祈られた奈良時代において、国家的宗教の位置にあった仏教は、官立寺院における教学研鑽と、私度僧、遊行の聖《ひじり》らによる実践的な民間布教の両極に分離していたともいえる。

むろん役小角は後者にあり、請雨・止雨に際して行われる彼の孔雀経による修法は、多くの農民が待ち望んだことだったにちがいない。しかも仏教、道教、神仙思想をも融合していたと思われる彼の実践宗教は、奈良時代に入って、いよいよ具体的なかたちを見せてくる神仏習合の先駆けでもあったのだ。

【三】古代の葛城と吉野

『記・紀』神話における伝説的な初代天皇神武《じんむ》による橿原宮《かしはらのみや》における即位から、「壬申《じんしん》の乱」（六七二年）を制した天武天皇の飛鳥浄御原宮での即位、さらに日本で最初の都城制を採用した持統・文武・元明天皇に至る三代の都である藤原京におよんで、古代の王朝の中心はつねに東西を三輪山・葛城山系によって画された盆地に展開されてきた。

朝鮮半島諸国との交流がすすみ、氏族間の勢力が複雑化する中で、葛城山は単に河内と大和を画する分水嶺というにとどまらず、そこは外来の多様な文化が伝来してくる、そのニューウェーブの行くえを展望できる位置にもあっただろう。

役小角のふる里は、この葛城山の東麓に広がる、現在の御所《ごせ》市茅原《ちはら》と伝えられ、誕生の地に吉祥草寺《きっしょうそうじ》という修験の寺があり、木像の役行者像と、その母とされる都良亮《とらめ》（刀良売・白専女とも）の坐像を安置している。

しかも吉祥草寺を中心とする、小角の家敷と伝えられる範囲はかなりの広さを占めているのである。小角が属した賀茂一族はこの地に住み、のちに高賀茂氏となる彼らが斎《いつ》く神が葛城の高鴨神であることはいうまでもない。

御所市の市中から西を望めば、葛城山は、まさに分厚い屏風のような山容でせまって見える。そして葛城山に登るなら、山上のケーブル駅のあたりから眼下に、まるで箱庭のような小ぢんまりとした風情で大和三山が望め、橿原神宮の森が見える。山上に立てば、王朝が時代を生きぬいてきたその広がりにたいし、葛城は王朝の中枢を見下ろす大らかな位置にあることが実感されるのである。

[上] 役小角生誕の地と伝えられる吉祥草寺。
[下] 都良亮（役行者の母・白専女）の合掌像（吉祥草寺蔵）。

いや葛城山の神が王朝を守護する立場にあるなら、樹林におおわれた葛城山そのものが神籬《ひもろぎ》（神を招請するため常磐木《ときわぎ》を植えた神座）の役を果たしていたともいえる。小角はこの同族の山の神が鎮もる神籬である葛城山にあって、古来の神祀りを圧倒する密教的修法を体得した宗教者だったということになるだろう。

では葛城とは、どんな歴史背景を秘めた神域なのか。

『書紀』の神功皇后摂政五年（三八四）の項に、政治的に微妙な関係にあった新羅へ、葛城襲津彦《そつひこ》という人物が派遣されたことが記されている。

葛城の豪族のはじまりと考えられる葛城襲津彦は、いまでいえば外交官であり、将軍といった身分であろうが、この人の娘磐之媛《いわのひめ》は仁徳天皇の皇后であり、そこに生まれた皇子の中から履中《りちゅう》・反正《はんぜい》・允恭《いんぎょう》という天皇が三代つづく。

四世紀から五世紀におよぶ時代、葛城を基盤とする豪族が、天皇家に匹敵するか、それを上まわる勢力をもっていたという推定も成り立つ。

広くこの豪族の末裔といってよい賀茂一族の役小角に伝承される、一族の長《おさ》的な立場は、葛城郡《ごおり》茅原の豪族だったと考えることができる。しかも小角が葛城山において修行を重ね、そこに、それまでにない呪術的宗教の実践が発揮されていたとするなら、彼は国家の恐れていた山沢に逃亡した人間であり、氏族の神を祀る、いわゆる祭祀共同体からの離脱者ということになろう。

しかしここで見方を変えてとらえることもできる。

古来、日本の宗教はつねに氏族、村という共同体を単位として機能してきた。四季折々に神を祀り、五穀豊穣を祈り、病気平癒・長命を祈り、村に不測の事態が起こらないよう祈念してきたにちがいない。だが村人が単独で山中に分け入り、修行を重ね、山駈けることはなかっただろう。いや山上という神域を踏むことは特殊な祭祀にだけ限られ、そこは長くタブー視されてきた境域だったのだ。

むろん村落の祭祀儀礼においても、個人的な願い、祈りは当然あったであろうが、村の何某がみずからの人生を見据え、修行し、思索を重ねてゆくような宗教は稀薄だったのではないか。個人の行動に制限のあった当時、個の人生は村や氏族の盛衰にかかっていたのが現実でもあっただろう。

だが虚言《うそ》偽りをもって訴えられ、配流の罪を負わされた小角が体得し、発揮したであろう宗教的行為は、少なくともこうした氏族社会からは離脱している。彼は鬼神という名の山の神々を、いやその神々を斎き祀る山民を意のままに使うことができたのだ。古来の神祀りから彼は離陸していたのである。

だがなぜ、彼はそうなったのか。なぜ、みずから体得した宗教の実践によって遠島の罪を負うことになったのか。

ここに葛城山という、古代に根ざしながら、外来文化というニューウェーブを受容しうる山系がもつ地理的な意味と、王朝に向き合い、守護の役をになったその山神が鎮もる葛城山がもつ宗教的・政治的な意味がある。

そして小角にまつわる伝承において、異色の光を放つのが、金峯山上において金《こん》剛《ごう》蔵《ざ》王《おう》権現を祈りだしたということであろう。神仏融合というより、インド宗教がもつ造形感覚をも体現した宗教性をうかがわせる巨軀の立像は、小角について触れた多くの伝承が語る、吉野金峯山における超人的な修行をあますところなく伝えている。

まず十二世紀前半の編とされる『今昔物語集』（以下『今昔』）の「巻第十一・第三」に「金峯山《みたけ》の蔵王菩薩は、役の優婆塞の行によって祈りだされた菩薩である」という一節がある、小角に関する説話が見られる。

ここでは『霊異記』にあるストーリーが踏襲されながら、はじめて蔵王菩薩という尊格が登場する。またこのほかにも小角の金峯山上における仏道修行と、そこに祈りだされた尊格について触れた伝承は多いが、はじめて金剛蔵王権現の名が登場するのは延元二年（一三三七）の『金峰山秘密伝』においてである。

ここにはじめて、こんにち修験道において説かれているように、釈迦・千手千眼観音・弥勒を体現する金剛蔵王権現が出現するのである。

『霊異記』や『今昔』が語る「葛城山と金峯山のあいだに橋を架け渡せ」という、小角の鬼神たちへの命令はあまりに突拍子もない話だが、ここに明らかなことは、小角が葛城山だけではなく、金峯山をも修行の場としていたことであろう。

因みに「橋を架け渡せ」という小角の命令についてはさまざまの推論があるけれども、私は単純に、葛城山と金峯山とを結ぶ修行路の建設を指示したのではないかと思っている。しかも小角のこの命令には、王朝を西と南で画す山系を結ぶ、壮大な修行道場の構想が秘められていたのではないか。そしてこの建設に鬼神たちが嘆いたとあるが、時代はまだ、小角の構想をまったく理解できなかったのだ。

だが小角はなぜ、いまの金剛・葛城をふくむ山系をいう葛城山だけではなく、金峯山も修行の場としたのだろうか。

奈良時代に修行者が登場し、平安時代に入ると、のちに真言系の当山派修験の派祖に位置づけられることになる聖宝《しょうぼう》（八三二―九〇九）らが金峯山の修行路を伐り開いているが、吉野の淵源をもし『記』にある神武東征の時代にさかのぼれるとしたら、吉野山あたりの歴史は紀元前にさかのぼることになる。

熊野から北上した神武が、八咫烏《やたがらす》の先導によって吉野川からさらに進んだところで、尾の生えた人が、光る井戸から出てくるのに出会う場面がある。「お前はだれか」という神武の問いに「私は国つ神で名は井氷鹿《いびか》といいます」と答えるその人は、吉野首《おびと》の祖先だという。事実、吉野山の山上、みやげ物店で賑わう参道の裏手に、小さな社をかまえる井光《いびか》神社がある。

神武と尾の生えた人との不思議な出会いを、日本各地の霊山における水銀含有量を調査研究されていた松田壽男氏は、水銀坑において、紐で吊り下げた尻当てを付け、朱砂を掘りすすめる作業をしていた採鉱者ではないかと推理されている。

『万葉集』（巻十三）に「み吉野の御金《みかね》の岳に　間なくぞ……」（三二九三）とあることからも「金の御嶽」は明らかで、『扶桑略記』の「道賢上人冥途記」（十世紀半ば）では、金峯山には浄土があって、それは「光り輝く黄金の世界」だという。金

［上］神武東征伝説の地、吉野山・井光神社。
［下］吉野町喜佐谷、象川（きさがわ）。

峯山はその聖地性ゆえに金を産出するにふさわしい山として伝承にのぼっていた。

ところが一九八四年、この金峯山山上の大峯山寺における昭和の解体修理の際、小像ながら二軀の黄金仏が出土したのである。現実が伝説を呼びさましたのだ。

だがむろん、吉野の山上ヶ岳をいう金峯山に至る一帯は、大和の人々にとっては水源をかかえる特別の聖地だった。

「壬申の乱」を起こす以前の大海人皇子の時代、のちの天武天皇が隠れ棲んでいたといわれる吉野。いま、宮滝遺跡のあたりから喜佐川沿いに、青根ヶ峰に向かって行くと、川岸に緑の木叢に囲まれた桜木神社の朱色の社殿に出会う。

天武帝の潜龍《せんりゅう》の地といわれるこのあたりは、万葉歌人が好んで歩いた道でもある。桜木神社の前に、高市黒人《たけちのくろひと》の歌と並んで大伴旅人《たびと》の万葉歌を刻した碑が立っている。

昔見し　象《きさ》の小川を　今見れば
いよよさやけく　なりにけるかも

（万葉集巻三―三一六）

にこめられているように、吉野はこの象《きさ》の小川のいちだんとすがすがしい流れ、そして神仙の山、大和の水源でもあった水分《みくまり》の山として、格別に神聖視されていたのである。

旅人にかぎらない。万葉びとは、この清き吉野川の流れに触れ、水分神の鎮もる吉野山に詣でることによって、いのちの蘇りを念じ、実感したのではなかったか。

この吉野に、天武天皇のつぎの皇位をになう持統天皇は三十二回の行幸をはたしている。

おそらく吉野は、大和の水源の位置にあって、その水の聖性・山の聖性をもって、人々を惹きつけてきたにちがいない。天武が再起を期して潜龍したということは、すでに彼を迎えうる王朝人が吉野にいたということであろう。

役小角の金峯山における修行は、古くから水分神《みくまりしん》を祀り、水銀・銅の採鉱を背景として生まれる、神仙道教的な聖地におけるものだった。したがって彼の行《ぎょう》は、神仙思想が説く永世信仰の聖地における籠山行であったのだ。『霊異記』が記す、小角がいつも願っていることは、仙人たちといっしょになって「永遠の世界に遊び」

霊気を十分に吸うことであったという説話は、金峯山での籠山と響き合っている。そしてこうした神仙道教による思想が、黄金伝説を生んできたのだ。

奈良時代、吉野山の麓に位置する、吉野川北岸の台地上に吉野比蘇寺《ひそでら》、あるいは吉野山寺と呼ばれた寺があった。いまの世尊寺《せそんじ》はその伽藍跡に建ったものだが、この山寺に多くの僧が集まり、虚空蔵求聞持法《こくうぞうぐもんじほう》という密教修法を実践していた。自然智宗《じねんちしゅう》と呼ばれるその修行者のグループは、人間が本来的に持っているはずの智慧・記憶力を呼びさまそうと、日夜、虚空蔵菩薩のご真言を唱えたのである。それは虚空蔵菩薩の画像を前にして、百日間をかけ、百万篇のご真言を唱えるという凄絶な行であった。

奈良の官寺の僧たちが、厖大な経典を暗記し、なおかつ集中力を増強させるために実践したという求聞持法。知識ではない、人間が本来持っているはずの智慧を呼びさまそうとするこうした修行が、吉野川を間近かにした林中において実践されたのも、吉野の山河の清々しさが王朝人によって神聖視され、そこがいのちの蘇りが適う聖地として受けとめられてきたことと無縁ではない。

【四】役行者の異貌・蔵王権現の忿怒

日本の仏教史上にそれぞれ特徴のある教えをのこした宗祖や高僧たちの像を見なれた眼でその前に立つと、役行者像には戸惑いをおぼえるかもしれない。仏像とはまったくちがう、高僧像とも異なる、強烈なインパクトがあるからである。ユニークといえば、これほどにユニークな祖師像もないだろう。これは恐らくそこに、山中に行を重ねた人の、時空を超えた激しい息づかいがたたえられているからにちがいない。

頭に長頭巾《ときん》を被り、両肩を藤衣《ふじごろも》でおおい、岩座に腰かけたその手に錫杖と独鈷また経巻を持ち、素足に高下駄を履いた老相とも見える異形の祖師像。

だが、仏教史を彩る祖師・高僧像の中で、役行者像は聖徳太子、弘法大師についで多いと推定されている。しかも役行者像を全国にわたって調査研究されている石川知彦氏（大阪市立美術館）によっても、その膨大な数にのぼる役行者像の正確な数はつかめきれていない。

それにこれほど多くの作例が伝えられながらも従来、美術史上において役行者像について注目されることはなく、重要文化財の指定を受けているのは、板絵としてのこる像をふくめ、わずかに三件という。むろん廃仏毀釈《はいぶつきしゃく》による修験道禁止という、明治はじめの狂気の宗教政策の影響は大きい。

だが、この異形像は何を体現しているのだろうか。

二〇〇〇年の役行者一三〇〇年遠忌に向かってその前年の秋、東京と大阪で「役行者と修験道の世界——山岳信仰の秘宝——」という特別展が開催された。

同展は、奈良県南部の吉野山から熊野へとうねる大峯山を行場とする修験道の三本山、醍醐寺《だいごじ》・聖護院《しょうごいん》・金峯山寺《きんぷせんじ》が主催者となって、三本山を中心に所蔵される修験道に関係する宝物が一堂に会することになった。

そしてここには、それまで鎌倉時代以前にさかのぼることはないといわれてきた役行者像造立の歴史を塗りかえるようにして、山梨県甲府市右左口町の円楽寺が所蔵する、平安時代後期の造立とされる木彫の役行者像と前鬼・後鬼像が出陳されたのである。

もともと富士山北口二合目の役行者堂に奉安されていたという半跏像は、風雪に耐えた木彫仏を実感させるような破損も多い像だが、まるで吼えるようにして開口した忿怒の姿は、いまもそこに行者の声が聞こえるような迫力に満ちている。堅固な仏堂の内に安置されたというより、まさに行の世界に祀られつづけ、多くの修験者の激しい祈りを受けとめてきた凄まじさがうかがえる像だ。

それにしても、役行者像として各地に奉安されてきたその像容は実に多様である。顎髭《あごひげ》をたくわえた痩身の老相があるかと思えば、髭のない壮年の姿を見せる像もある。口を開き、忿怒の相を表した像もあり、口を閉じながら、何かを語りだそうとするかに見える像もある。円空作の柔《にこ》やかな木彫像もある。

しかしその像のすべては、頭を長頭巾で被い、藤衣（木葉衣《このはごろも》）を着け、高下駄を履き、台座か岩座で、左手に錫杖をもち、右手に経巻か独鈷、念珠などを持っている。行者像をかたちづくっているひとつひとつが、山野を跋渉する抖擻《とそうぎょう》行の厳しさと、山中における密教的修法の呪術性を示しているのである。

そして像容の多い半跏像・倚座像に目立つのが、他の祖師像などには見られない、脚の膝から下の脛《すね》をあらわにした姿であろう。私はこうした像容の遠景に、インドネシア・ジャワ島中部のムンドゥ寺に安置される石像の如来倚像や、脇侍菩薩の半跏像を見ていた。

総じて役行者像には、北方より南方系の行の世界が反映しているように思われるのだ。またこんな思いをさらに突き動かしてくるのが、行者の脇侍としてセットになった前鬼・後鬼とよばれる像の、奇妙をとび超え、破天荒ともいうべき、その像容の奔放さである。

生駒山中において、役行者に教化されてから、その手足となって師の修行を援けたと伝えられる鬼の夫婦という。事実、こうした伝承を裏づけるように、大峯山系の半ばに近い前鬼《ぜんき》という山中の集落は、前鬼の五人の子の子孫が住んだことにはじまるといわれ、五鬼助さんという方がながく坊を経営されている。

むろん前鬼・後鬼とは、山の民の具象化と思われるが、多様な像容の中には頭に角をはやしたり、手足の指が三本という例も見られ、ここにはむしろ、里人から見た山人の逞しさ、不気味さが反映しているのかもしれない。

しかし大きな斧《おの》を持った前鬼、水瓶を持つ後鬼それぞれの、思いきり目を剥《む》いたその面相と、あらわな胸、髪形の奔放さは、およそ、自在に使役されるような、そんな従順さを微塵もうかがわせるものではない。

おそらく前鬼・後鬼には、山中の行者が実感するであろう精霊の具象化があるのではないか。

図像学の専門家は、手に錫杖をもち、一方に経巻をもつ半跏の役行者像に、滋賀県園城寺《おんじょうじ》の新羅明神《しんらみょうじん》像を重ねて見る。

確かに似ている。新羅明神は第五世天台座主《ざす》をつとめ、天台密教の興隆に尽くした円珍《えんちん》（八一四―八九一）が、唐から帰朝のとき、船上にあらわれ仏法を守護することを誓ったことから、帰国後に園城寺に祀り、伽藍守護神・天台寺門派の護法神とした尊格である。

右足を垂下して半跏し、左手に錫杖をもち、右手に経巻を持つ唐風の身なりの老相は、小角像の雰囲気に近い。

だが、役行者像のルーツがどこにあるのかという問いの重要さとともに、問題は行者像がなぜ開口し、忿怒の老相をもつものが多いのかということにあるのではないか。

金峯山には、役行者が山上において、末法《まっぽう》の世にふさわしい仏、魔を降伏する尊像を祈請していたところ、はじめに釈迦が現れ、ついで千手観音、弥勒が現れたが、さらに祈願したとき、盤石から青黒い忿怒相の金剛蔵王権現が湧出したという伝承が、まるできのうのことのように語りつがれている。延元二年（一三三七）の撰述とされる『金峯山秘密伝』が伝える、蔵王権現湧出譚である。

この伝承から修験道では、役行者が祈りだした蔵王権現は、釈迦・千手観音・弥勒が示唆する過去・現在・未来を体現する化現仏であると位置づけている。

吉野如意輪寺の蔵王権現像によるなら、尊格は一面三目で二臂《ひ》の、青黒色を帯びた忿怒形である。その頭上に三鈷冠をいただき、左手に剣印を結んで腰にあて、右手は三鈷を握って頭上にかかげ、左足は盤石を踏みしめ、右足を蹴り上げている。口を半ば開いて、朱色の口内をのぞかせ、正面を見据えるその眼は、単なる怒りのそれではない。忿怒をもって、あらゆる魔を降伏しようと決意している眼だ。

現存する尊像の多くを鏡像や懸仏、金銅仏が占める蔵王権現だが、その図様の成立は奈良時代にまでさかのぼるという。また、像容から執金剛神《しゅうこんごうしん》や金剛童子、五大力菩薩などに近いことが指摘されているが、私はこの像もまた、忿怒の面相を特徴としているところに意味があると思う。

大地から、岩山から湧出した、ダイヤモンドの如く堅固な尊格。それが金剛蔵王権現なのである。

蔵王権現像（重文・吉野如意輪寺蔵）。

大峯山系を行場とする修験者たちによって、ながく守護仏として篤い信仰を受けてきた蔵王権現。

岩座する、忿怒をたたえた老相の役行者像と、岩上に湧出した、全身に忿怒と魔障降伏の意志をみなぎらせた蔵王権現像。

山岳に修行し、つねに世俗の世界を俯瞰する位置にある修験道が生んだ二つの独自の尊格は、時代をつらぬいて、人間が生みだすさまざまな悪、自然を物化して侵そうとする、その生命にたいする暴力へ向き合った忿怒であり、人間に内在する魔を降伏しようとするその決意を体現しているのではないか。

ここでは、道教的な永遠性をたたえた老相の祖師像と守護尊が、ともにその忿怒のかたちをもって、時代を超えたメッセージを放ちつづけているのである。

第三章

山の宗教と神仏習合

【一】神域に生まれた神宮寺

毎年六月と十二月の晦日《みそか》、あるいは即位式の前や疫病が流行したときに行われた「大祓《おおはらえ》」を、国家的な祭儀として整備したのは天武天皇時代のことだった。

宮廷はもとより、国中の罪・穢れを祓い清める行事で、宮城の正門である朱雀門《すざくもん》に祓所が設けられ、行われた。だが仏教が国家的な宗教としての性格をもちはじめたとき、こうした大がかりな祓い清めの行事は、仏教的な儀礼へとその比重がかかってゆく。

ここに国家的な仏教儀礼として〈悔過《けか》〉が成立してゆくのである。仏を前にみずからの行動・言葉・こころによる過ちを懺悔《さんげ》することによって、五穀豊穣や天下安穏を祈るもので、吉祥天《きっしょうてん》を祀って修する吉祥悔過があり、天皇の病気や天災・飢饉・疫病流行の際には、薬師悔過が行われた。

日本には古来、神に祈って罪や穢れ、災禍などを除き去る祓《はらえ》や、海や川の水をもってからだを清め、罪・穢れを洗い流す禊《みそぎ》など、罪障消滅・除災招福の伝統があるが、それが仏教主導に変容してきたのである。

悔過は奈良時代にもあった。

天武天皇は晩年、病気に悩み、仏法による加護を祈らせたり、燃灯供養を行い、悔過することがつづいた。『書紀』の天武天皇朱鳥《すちょう》元年（六八六）七月二十八日条には、諸々の王臣が天皇のために観世音像を造り、観音経を大官大寺で説かせたとある。

この月、天皇はたてつづけに多くの僧尼を得度させており、「百の菩薩像を宮中に安置して、観音経二百巻を読誦させた」ともあり、さらに天神地祇にも病気平癒を祈っていた。

ここでは、インドや中国における仏・菩薩等々を対象とした悔過とは異なる、日本の古来の神々をまじえての悔過が行われていたのである。ここにも日本人の神仏観が明らかにされている。仏教による悔過によって神祇崇拝を排除するのではなく、それとの密接な連携によって願いを成就しようとする。

毎年三月前半の十四日間を本行として、奈良東大寺二月堂で「修二会《しゅにえ》」(「お水取り」)が行われる。この行事は〈十一面悔過〉といわれるように、十一面観世音菩薩にたいし、一年間に犯した諸々の過ちを懺悔する悔過会《けかえ》であった。

そしてここでは連日「神名帳」が読み上げられる。登場するのは春日明神はじめ各地の神々だが、それは悔過会自体が多くの神々の降臨のもとで、神々の霊威の力もいただいて修法されていることを意味している。

選ばれた十一人の練行衆《れんぎょうしゅ》が悔過を果たすことによって身を清め、新鮮なエネルギーをチャージし、祈ることによってこそ新しい年の五穀豊穣がかなうのであった。つまり神祇による祭儀によって五穀豊穣や除災招福などを行っていたものが、十一面観世音菩薩や吉祥天、薬師如来、阿弥陀如来を主尊とした悔過会によってかなえようとする動きが、奈良時代におよんで一層強まったのである。

因みに東大寺の〈十一面悔過〉は、実忠《じっちゅう》によって天平勝宝四年（七五二）にはじめられたと伝えられている。

このように観世音菩薩はそこに呪術的威力が期待され、天武帝の病気平癒祈願に際して読誦されたのも観音経であり、藤原広嗣《ひろつぐ》の反乱（七四〇）のとき聖武天皇は、反乱軍を討伐するために、国ごとに高さ七尺の観世音菩薩像一体を造立するとともに、観音経十巻を写経するよう命じている。

天平勝宝九年（七五七）に「橘《たちばなの》奈良麻呂《ならまろ》の乱」が発覚し、事件が治まったとき、ときの孝謙帝は「この事件が治まったのは、天地の神々がお恵みくだされ、護ってくださったからで、代々の天皇たちの大御霊《おおみたま》が、汚い奴どもをお捨てになることによって、また、盧舎那《るしゃな》如来、観世音菩薩、仏法を守る梵天・帝釈天・四天王たちの不思議な権威ある神の力により、悪逆な奴どもがことごとく服罪したのだ」と述べていた。

ここには、反乱を防いでくれたのは、天地の神々であり、天皇霊であり、また盧舎那如来、観音、諸天の不思議な権威ある威神力によるのだと信じる天皇の思いが明らかにされている。

奈良時代、観世音菩薩は鎮護国家の主要な尊格としてつねに期待されていたのである。しかもそれは密教的観音像（多面多臂）であり、観音は神仏融合の橋渡しの位置にもあったのだ。したがって奈良時代には多くの十一面観世音菩薩像、そして千手観音像が造立され、孔雀明王像が呪術的な威力を期待されていた。

そして神仏、さらに霊魂がそろって願望を成就してくれるのだと信じられた時代を背景に、名だたる神の境域に神宮寺《じんぐう》とよばれる仏堂が創建されたのである。それまでになかった神と仏のより具体的な接近であった。

『霊異記』（上巻・第七）に、百済を救うための派遣軍の一員として出征したある男が、「もし無事に帰還することができたら、諸々の天神地祇のために寺院を建立しましょう」と誓いを立てたという話がある。

七世紀の後半、天智天皇の時代を背景にした話だが、神々のために寺院を建立するとは、何を意味しているのだろうか。

日本海に面した敦賀《つるが》市にある気比《けひ》神宮の社伝によれば、大宝二年（七〇二）に勅命によって社殿が造営されたとある。

そして天平宝字四年（七六〇年）ごろの成立とされる『藤氏家伝』の下巻になる

「藤原武智麿呂《むちまろ》伝」によると、霊亀《れいき》元年（七一五）、藤原武智麻呂は夢の中で越前の気比神に出会う。そこで神は「仏道に帰依したいので、自分のために寺を建立してほしい」とうったえたという。そしてこれが最初期に登場する越前の気比神宮寺だという。全国でもっとも初期の神宮寺創建の記録である。

また伊勢（三重県桑名市多度町）の多度《たど》大社には、元亀年間（一五七〇―七三）の織田信長による、伊勢侵攻の兵火によって社殿・宝庫等が焼かれる以前、多度大社神宮寺（法雲寺）は百社余りの摂末社とともに栄えていたという。

現在、多度大社の祭神は多度神と通称される天津彦根命《あまつひこねのみこと》だが、『書紀』神話に登場する天照大神の第三御子にあたると伝えられている。この関係から長いあいだ「伊勢にまいらば多度をもかけよ」と俗謡が広まり、多度神に参らなければ「片まいり」になるとまでいわれてきたのである。

そしてこの神域に創建された神宮寺は、日本でも三番目に古い歴史をもつといわれるのだが、伝承は天平宝字七年（七六三）にさかのぼる。この年、私度僧の満願禅師が神域東の井戸の道場で阿弥陀仏を造立したところ、多度神が現れ「神の身から離れるために仏教に帰依したい」と神託があったという。そこで満願禅師は、多度山に小堂を設け、神像を建立し「多度大菩薩」と号したという。

その後、多度神宮寺には三重塔が二基、ほかに法堂《はっとう》、僧房等々の建立がすすみ、ついには大伽藍が形成され、十世紀はじめには国分寺に準じる存在だったという。ここまでくると、神域に設けられた神宮寺というより、独立した大寺としての活動をもっていたと見なければならない。

さらに若狭彦《わかさひこ》神社における神宮寺創建も、神から山林修行者へのアプローチが発端になっていた。

養老年間（七一七―二四）に疫病・災害が人々を苦しめ、五穀が稔らなかったとき、仏道に帰依した赤麿という人が深山で修行をしていると、そこに神の託宣があり「神身を受け、苦悩が深いので、仏法に帰依し、神道を免れたい」とうったえたという。赤麿は道場を創建し、仏像を造立して神願寺と号したというのである。

古来、氏族あるいは集落では、神々を祀り、四季折々の祭儀を通じて五穀豊穣を祈願してきた。しかし、これらの記録にあるように、災害がつづき、疫病がおさまらないときには、神の威力の低下とも受けとめられた。

『続紀』に記された天皇の詔《みことのり》をたどると、そこには、世の中の不穏な動き、打ちつづく自然災害、疫病の流行などが、天皇の徳《とく》が弱まったためと受けとめられていたことに気づく。

そこで天皇は、古来の神々はもとより、盧舎那仏や観世音菩薩、吉祥天等々といった、諸仏諸尊をも動員して、現状の打開をはかろうとしている。ここでは、願いをかなえるためには、神と仏にたいする優劣判断などはなく、願望成就祈願の行く手に神仏は同等の立場にあった。

しかし私度僧の山林修行者がさらに広く地方を遊行し、みずから体得した密教的呪術を発揮しはじめると、地方の豪族たちは、その経済力をもって行者を迎え、そこに仏僧と神々を祀る人々との出会いが生まれてゆく。

神の身を受けていることが苦しいという神のうったえは、とりもなおさず、展望のない災害・疫病等々の流行の現実の反映であろう。したがって、そうした神の声を受け、神域に寺を設け、神像や仏像を造立し、神に菩薩号を授けたというのも、仏教側からの伝承にちがいない。

先の三つの地域の神宮寺誕生がそうであるように、とくに奈良時代に入って出現した神宮寺は越前や伊勢、若狭さらに豊前、肥前、近江、山城、下野、大和と、王

若狭彦神社
（福井県小浜市、若狭神宮寺）。

朝の中心から離れた地方に多いことに気づくだろう。

だが神宮寺出現はやがて中央にもおよび、単に神域に設けられた小堂の規模を遙かに上まわる、本格的な寺院の構えまで見せることになったのである。そして神宮寺には必ず仏塔が建立されていた。むろんこれは仏教者の基本にある仏舎利にたいする信仰、仏陀への信仰の象徴が三重塔創建というかたちを生んだにちがいない。

神宮寺の発生。神仏習合をまさにかたちをもって現実のものとした現象の背景には、そこに神がみずからの苦悩をうったえるという話がセットになっている。だが神宮寺出現ののちも、そこでは神を祀ることが変わらずに行われていたのである。

神宮寺発生という現象は、もともとその地で発揮されていた神の霊威の力の弱まりを補うもので、五穀豊穣・疫病退散等々の祈願を成就する上で、神仏は新たな補完関係に入ったのである。

そしてこうした神仏関係を、日本特有の宗教現象としてより具体的に広めていったのが、密教的呪術力を体得した山林修行者であることはいうまでもない。

しかし一方、役小角には神々との厳しい関係をいう伝承があった。それは小角が当時、とくに警戒の対象となっていた、道教的呪法を身につけた山林修行者と受けとめられていたからかもしれない。小角の出自が賀茂氏にあるように、彼は後世、名だたる陰陽家を輩出することになる賀茂氏の源流に位置していたのだ。小角には道教の神仙的方術とともに、陰陽道の力も備わっていたと考えられるのである。

〔二〕鎮守神と本地垂迹

神社に参ると、その広い境内に拝殿や本殿のほかに摂社・末社に位置づけられる多くの社に出会うだろう。しかもそのどの社にも、本殿に祀られた神とは別の神々が祀られている。それも名の知れた神々ばかりではない。

日本の神社は神々の寄り集まるところ。もし神社というものが、大なり小なりこうしたさまざまのはたらきと名をもつ神の集まったところであるとすれば、その境域に仏像を奉安するお堂が設けられたとしても、少しも不都合はないともいえる。

神々の役割りが、自然の移りゆきが順調で、国土が安穏であるため、民衆の幸福のためにあるとするなら、神域にある仏堂の仏も、その役をになう重要な尊格ということになるだろう。

神宮寺は、新たに加わった仏の威力に期待がかかった、新たな祭祀の場といえるだろう。

しかし日本の神宮寺のように、仏教と道教とのかたちの上での融合の歴史がない中国において、仏教寺院の境内に道教の神を祀る道観《どうかん》が設けられることは長いあいだなかった。むろん現代の台湾の仏教寺院を訪ねるなら、その境内にさまざまの道教の神を祀る道観が同居して賑々しい光景に出会うだろう。だが古くはこうした現象はなかったのである。

この点、日本の神仏関係のように、古くから仏教と、日本の基層宗教である神祇信仰とが融合したかたちで、新たな宗教空間をつくってきた歴史は、中国にもインドにもなかった現象といえる。

さかのぼれば欽明天皇の時代に、百済からもたらされた仏像を、日本人は蕃神とよんで受けとめたのである。しかもこの初期のころから、たとえば用明天皇は仏法を信仰し、神道《かみのみち》を尊重されたという。そして仏法を信じる信じない、あるいは仏像を祀る祀らないということは、それによって祟りをまねくのか、幸運につながるのかということで決められていた。

さらに樟木《くすのき》などの霊木をもって仏像を造立し、寺に奉安してきたのである。この霊木信仰と仏像造立の関係は現代にまでおよぶ、日本人の宗教意識として生きている。

ところで神仏習合にいう神道という用語は、先の用明帝の「神道を尊重された」の例にあるように、一般的ではなかった。「神道」という用語は『書紀』には登場するが『記』にも『万葉集』や『風土記』にも見られない。おそらく神道は、神宮寺が出現した時代以降に仏教僧によって用いられたことばだろうと考えられている。もっとも神道ということば、文字そのものは、江戸時代の平田篤胤《ひらたあつたね》が指摘し、さらに道教研究の碩学・福永光司氏が解説しているように、前三世紀ごろに書かれたといわれる中国の『易経』にある、観《かん》の卦《か》の彖伝《たんでん》に見える言葉ということになる。

六十四卦ある『易』の一つである「観」について書かれたこの文章では、始めに「神さまを祭る場合に、まず手を洗って浄める」という純粋な誠実さのこもった精神状態が説かれる。そして春夏秋冬という季節の循環に少しの狂いもないように、この自然界の法則にもとづいて、支配者が政治教化を行ってゆくなら、天下の人は皆、その政治に従ってくるという内容が「天の神道を観《み》て、四時《しいじ》忒《たが》わず。聖人は神道を以て教えを設け、而《しこう》して天下服す」と言い表されているのである。

ここには日本でもちいる神道という言葉が含む精神の純粋性、自然界の法則性をもとにした宗教の要旨がうかがえる。だが、もともと日本の神祇信仰には、中国古代にもちいられた神道がもつような思想性・哲学的な概念は稀薄で、どちらかといえば儀礼的であり、生活慣習的であろう。

したがって、だからこそ神が発揮するはずの霊威の力が衰え、災害がつづいたとき、仏にこの霊威の力を肩代わりしてもらい、現状打開をはかってもらうことにも不都合はなかったのかもしれない。むろん神祇信仰は神祇信仰として、古来の祭儀を行うわけだが、その一方で、神域に設けられた仏堂において読経し、密教的な修法を駆使しようと、それは五穀豊穣なり疫病退散という共通の目的達成のために行われることであるから、なんら矛盾はなかったのである。

それに神には荒魂《あらみたま》と和魂《にぎみたま》という、両様の作用があり、荒ぶる神の作用を仏教的呪術力によって抑えることができるとも考えられた。神宮寺の出現は、その意味においても、山林修行者が、そこで密教的呪術性に富んだ修法を、新たに発揮する場ともなったにちがいない。

神祇祭祀の儀礼にはない、真言を唱え祈禱するという修法自体が、目的達成のためには何よりも説得力をもったのではないか。

以後、社殿の前で経を唱える〈神前読経〉は日常的に行われ、仏教側も、仏像造立や伽藍造営という大きなプロジェクトを達成するために、僧侶が名だたる神社におもむき、神前読経して祈願することも珍しいことではなくなった。

だが、山林修行者によって、各地に神宮寺が生まれたこの時点では、神仏の関係は神域への仏教の進出であった。ところが奈良東大寺の大仏造立にあたって、仏教へ積極的にアプローチしてきたのは、九州豊前の宇佐《うさ》八幡神《はちまんしん》であった。

大仏造立に必要な黄金が、八幡神の神託によって得られるとされ、のちには東大寺境内に手向山《たむけやま》八幡宮として顕在化し、以後、八幡神は全国各地に勧請され、日本でもっともポピュラーな神のうちに入ることになる。

つまり八幡神はみずから行動して、寺院の鎮守神となった神なのである。これは、神のうったえを受けるかたちで、仏教者が動き、神域に神宮寺が生まれた現象とは逆のベクトルである。

天平勝宝元年（七四九）に、八幡神が上京したとき、神は仏教的な奉迎を受け、さらに東大寺における法要の中、朝廷は大仏造立にたいする八幡神の援助を謝し、神に一品《いっぽん》の位階を奉ったのである。

東大寺大仏造立と宇佐八幡神の上京という一大イベントは、国家鎮護という共通目的にたいして、神仏が一層密接な関係を見せたことを示している。八幡神は平安時代に入って奈良の大安寺にも、さらに薬師寺にも勧請され、鎮守八幡神が成立してゆく。

だが本来、神は不可知の存在であろう。すべての人間に共通して感知できるわけではない、かたちをもたない存在であろう神に、国家が位階を奉り、田畑をプレゼントし、菩薩号が奉られてゆく。しかも本来、かたちをもって表すことができない、霊威の存在であるからこそ、神は求められるあらゆるところへ無制限に勧請されてゆくことができたのであろう。

この神が、姿かたちをもって表され、神仏混淆の社殿配置を見せる宮曼荼羅などがつくられてゆく。

日本の神祇信仰の歴史上、神を姿かたちをもって表したということは、本来、自然崇拝に根ざした精神世界に、密教的修法による新たな祈願成就の方法論を導くことになる。神像や神の名を墨書した、その名号を前にして祈り、神仏混淆の宮曼荼羅をもって、神域と認識したからである。

だが、かたちをもって登場した神は、その基調に朱色がほどこされていたのである。古代中国において蘇りの色とも観念された朱色は、生命力を象徴してもいた。神像にこの丹朱《にしゅ》がほどこされたことは、そこに独自の神性、霊威の力がこめられたことになるだろう。有名な東大寺の僧形八幡神像の胎内には、まっ赤な漆が塗られているといわれる。

律令制がゆらぎはじめ、日本各地に統治の乱れが生まれた時代、寛平六年（八九四）遣唐大使に任命された菅原道真によって、伝統ある遣唐使が廃止される。

公的に大陸文化の伝来がとだえた日本に生まれたのは文化の国風化という、一時代を形成した独自のかたちをもった文化の発達である。そして十世紀以降、神と仏の関係はさらに新しい展開を見せ、本地垂迹説《ほんじすいじゃくせつ》が理論化されてゆく。

インドに生まれた仏・菩薩が、日本の人々を救うために、神となって現れたのだというこの説は、法華経「寿量品《じゅりょうほん》」に説かれる「釈迦仏は無限の過去において成仏しており、人々を救うために、この世に生まれ、さとり、入滅の姿をとったのだ」

という大乗仏教の教えが、仏教僧によって応用されたと考えられている。

ここでは本地（本来の仏・菩薩）がその身を変え、神として垂迹し、その神が権《ごん》現《げん》とよばれ、明神《みょうじん》ともよばれ、全国各地の名だたる神々が、本地である仏・菩薩と組み合わされてゆく。神社はもとより、多くの山岳霊場に鎮もる神々に、本地仏が配されていったのである。

本宮・新宮・那智の熊野三山にはそれぞれ阿弥陀如来、薬師如来、千手観音が本地仏として配され、奈良の春日大社の神々には不空羂索観音、薬師如来、地蔵菩薩等々が、伊勢神宮には大日如来が本地仏となって、神との組み合わせが説かれたのである。

また本地仏を、鏡面に仏像を刻むことによって示したり、懸仏《かけぼとけ》などがつくられ、神社境内の各社殿に本地仏を描いた春日曼荼羅や山王《さんのう》曼荼羅などの宮曼荼羅、そして熊野三山に祀られた十二所権現の本地仏を示した熊野曼荼羅が描かれてゆく。

修験道はこうした動きの中で、神仏融合を、祈りを中心とするその実践修行の中に身をもって体現してきた、典型的な日本宗教といえる。

それはかたちの上でも独自のものを生んできた。役行者の祈りによって出現した

熊野三山に祀られた十二所権現に飛瀧権現を加え、十三所権現とした熊野那智本地仏曼荼羅（青岸渡寺）、寛延三年（一七五〇）の銘がある。

蔵王《ざおう》権現はその典型的な例だが、熊野三山の神々も熊野権現の名でよばれ、山岳霊場の神々も、たとえば白山大権現などとよばれてゆく。

しかも造像の上では、九州修験道の中心として勢力をもった英彦山《ひこさん》が生んだ特異な神仏習合像まで出現する。一軀の尊像の内に神と仏を体現した尊格が登場したのである。ここには『記・紀』神話に登場する神々が、釈迦・阿弥陀・千手観音と一体となって像型化されていた。

しかし仏教主導による新たな神仏関係の論理化の背景に、永承七年（一〇五二）に末法《まっぽう》の世に入るとした末法思想の広がりがあったことも見逃せない。

釈尊にはじまる仏法（正法）が、かたちばかりがのこる像法の時代をへて、やがて教えだけがのこり、どれほど修行してもさとりを得ることはできない、仏法が衰退に向かってゆくと考えられた末法。

災害や戦乱がうちつづく時代を背景に、末法意識は神仏の新たな補完関係を促したことになるが、この神仏習合の典型は山岳宗教の世界に、より積極的にそして具体的にとり入れられ、思想化されてゆくのである。

英彦山三所権現のうち伊邪那美命・千手観音が一体となった神仏習合像（英彦山修験道博物館蔵）。

【三】怨霊・密教・陰陽道

神仏習合が神宮寺創建によって、より具体的なかたちを見せた奈良時代は、怨霊思想が権力者のこころをゆさぶりつづけた時代でもあり、この不穏な動きは平安時代へとおよぶことになる。

七四〇年、当時、左大臣　橘《たちばなの》諸兄《もろえ》のもとで、同じ入唐留学の仲間だった吉備真備《きびのまきび》とともに政界にまで権力をふるっていた玄昉《げんぼう》らの専権を非難し、北九州で乱を起こしたのは藤原広嗣《ひろつぐ》だった。その彼が敗死したあと、怨霊の祟りが人々の噂を広げていったのである。のちにエリート僧の玄昉は筑紫観世音寺に左遷され、その地で亡くなるが、これは広嗣の怨霊の祟りによるとも考えられた。

また、奈良朝の末期、長岡京造営使として遷都を強行した藤原種継《たねつぐ》は反対派によって射殺されたが、この暗殺事件に連座したとして淡路へ流される途中、絶食して死去したのは、桓武天皇の同母弟である早良《さわら》親王だった。この非業の死から数年のうちに桓武帝夫人、帝の母高野新笠等々が亡くなり、さらに皇太子の安殿《あて》親王（のちの平城天皇）がたびたび病いに伏せるという事態に陥ったのである。

天皇の身近に起こったこの一連の不幸が、早良親王の怨霊の祟りによると受けとめられたことはいうまでもない。そこで桓武天皇は早良親王に崇道《すどう》天皇を追号し、その霊は京都の御霊神社に祭られることになった。

天皇在位の後年、平城京を離れることの多かった桓武帝だが、平安京への遷都も、容易に癒すことのできない不安と怨霊への恐れによると考えられたのも当然であろう。

そして、うちつづく政争の渦中にあって悲惨な最期を遂げた人の怨霊が恐怖の対象となったとき、この恐怖をまぬがれるために仏教、とりわけ密教は、災禍をもたらす死者の怨霊を鎮め、慰める方法論を実践をもって発揮したのである。

非業の死を遂げた人の怨霊は、死に追いやった人に及ぶだけではない。天変地異、疫病流行なども怨霊の祟りによると考えられ、ここに生まれたのが、怨霊を鎮め慰める御霊会《ごりょうえ》であった。

八六三年、この年、京都に疫病が大流行し、死者が続出した。そして京都の神泉苑において、先の崇道天皇（早良親王）、伊予親王（桓武天皇皇子）、藤原夫人、橘逸勢《はやなり》、文室宮田麻呂《ふんやのみやたまろ》ら、政治的に失脚した人々を御霊神として祀ったのが御霊会のはじまりだった。これは神仏習合による神事でもあったのだ。

むろん御霊会は仏教僧が主導し、そこでは金光明経・般若心経が講じられただけではなく、雅楽や散楽なども演じられたという。

ここでいわれる御霊が怨霊であることはいうまでもないが、権力の中枢を占める人々は、祟りへの恐れから逃れるために、御霊を神として祀り上げ、同時にそこに神仏を祀ることによって怨霊を鎮めようとしたのである。山岳に修行を重ねた密教的呪法に勝れた修験者による呪術的修法が、時代の期待をになっていたのだ。

神泉苑における御霊会で祀られた五人に藤原広嗣が加えられ〈六所御霊〉と総称されたが、のちには吉備真備や、祟りや畏怖の念をもって信仰された火雷天神を加え〈八所御霊〉として、京都の上御霊・下御霊社の祭神として祀られてゆくのである。そしてついには、全国におよんで御霊神社の創建となった。

京都の風物詩として名高い祇園祭が、この御霊信仰に本質のあることは意外に知られていない。

古くは祇園御霊会とよばれた祭礼は、八六九年、諸国に悪疫が流行したとき、それは八坂神社（祇園社）の祭神牛頭《ごず》天王の祟りととらえられ、これを恐れた人々が災厄の消除を祈り、全国六十六ヵ国に応じた六十六本の鉾《ほこ》を立てて神祭を修め、神輿を神泉苑に入れて御霊会を営んだ。これが祇園祭のはじまりだったのである。

怨霊の祟りを恐れた人々が、それを単に恐れるだけでなく、神として祀り、慰撫し、鎮めることが何よりも大事と考えたのだ。この御霊信仰が平安京から諸国へと広まってゆくのである。

現在、八坂神社の二十九基の山鉾が国の重要民俗文化財に指定されているが、その中には役行者山とよばれる山鉾もあった。さらに江戸時代におよんで歌舞伎の演目にものぼる役行者だが、これは庶民が時代を超えて抱いてきた、配流の罪を負わされた、伝説的なスーパーヒーローへの信仰が生きていた証しではないだろうか。

そして怨霊鎮めに力を発揮した密教とともに、新たな呪術的テクノロジーを発揮したのが陰陽道だった。

すでに中国古代の夏《か》、殷《いん》王朝のころ（前一〇五〇年頃）に発達し、周王朝の時代（前一二五六年）に完成したとされる陰陽道。

われわれが広く〝易〟とよんでいるものがこれで、その代表的な典籍が『周易』だった。

まず日月と木・火・土・金・水を万物生成の主要素としてとらえ、これに十干《じっかん》(甲《こう》・乙《おつ》・丙《へい》・丁《てい》・戊《ぼ》・己《き》・庚《こう》・辛《しん》・壬《じん》・癸《き》)十二支(子《し》・丑《ちゅう》・寅《いん》・卯《ぼう》・辰《しん》・巳《し》・午《ご》・未《び》・申《しん》・酉《ゆう》・戌《じゅつ》・亥《がい》)の説を結びつけ、これらの複雑な組み合わせから、歳月・日時・方位に占星的価値を説く。さらに天文・暦法が加わり、国家・社会・個人の吉凶禍福を判断しようとする陰陽五行説が思想・理論の中心となってゆく。

いうまでもなく日本では占いとして広く一般に受けいれられ、現代におよんでその影響は大きい。しかし陰陽道は本来、道教の一部門だった。道教の神学体系のうち、陰陽五行の易学理論に関するものを陰陽道とよんできたのである。

ところが仏教伝来と前後して日本にもたらされた陰陽道は、聖徳太子の冠位十二階や十七条憲法制定にもとり入れられていた。さらに霊亀元年(七一五)の九月、元明天皇から元正天皇へと位が禅《ゆず》られたが、『続紀』には「めでたいしるしの亀を得た」という詔が記されている。「即位にあたって天がめでたいしるしを表したもの」と亀の出現を喜び、和銅八年を改めて霊亀元年としたというのである。

さらに元明天皇の詔には「近ごろ、陰陽(天地自然の運行の原理)が錯乱し、気候が不順である」とあり、「幣帛《みてぐら》を諸社に奉納して降雨を名山や大川に祈願すべきである」とも述べられている。ここには天候の不順が、陰陽の錯乱によるという、原始的な科学認識が見られ、人々がいかに陰陽思想に判断をゆだねていたかがわかる。

そして元号制定が中国にならい、祥瑞《しょうずい》（よいことの前ぶれ）改元によっていることが明らかで、これは奈良時代を通じて踏襲されている。しかし平安時代に入ると、改元は吉兆現象によるのではなく、天災地変など凶兆によって行われてゆく。いずれも陰陽道が説く吉凶禍福の判断によるものだが、この伝統は明治維新までつづく。天文・遁甲の術をよくしたといわれる天武天皇によって、はじめて陰陽寮がおかれ、占星台が設けられたが、律令制のもとで陰陽寮は祥瑞災異の判定をし、新都建設に際して、その地相を占うこともあった。

平安時代中期の陰陽家・安倍晴明《あべのせいめい》（九二一―一〇〇五）は、その特殊な方術の占法を駆使する呪術作法をもって、伝説的な存在だが、師の賀茂忠行《かものただゆき》、保憲《やすのり》父子の流れと並んで陰陽道界を支配した。この賀茂氏が役小角の出自とつながるのだ。

ここで朝廷の神祇的行事の陰陽道化が起こり、さまざまな禁忌《タブー》が生まれる。祭事において神を迎えるために、ある期間、飲食や行動を慎み、不浄を避け、心身の清浄を保とうとする「物忌《ものいみ》」。さらに外出するその方角が禁忌とされるとき、前日に他の方角へ赴いて泊まり、そこから目的の地に向かって行く「方違《かたたがえ》」などは、公家のあいだで厳重に守られていた。

とりわけ「物忌」は貴族の行動を極端に左右していた。何か普段と異なる現象が起こると、ただちに「物忌」に入った人も多かった。寺社詣でに熱心だった平安中期の右大臣藤原道長は、二十年間に三百数十回「物忌」に入ったと伝えられている。一大権力者の、物怪にたいする恐れが、いかに強かったかが知れるのである。

また方位の上で、陰陽道でもっとも悪いとされたのは北東の隅をいう丑寅《うしとら》(艮)で、これを表鬼門とし、正反対の方角である南西方を裏鬼門として、ともに忌み嫌われた。ここから比叡山延暦寺は、平安京の鬼門(北東)を守るために造営されたという説も生まれたのである。

陰陽道が説いた俗信は、鬼門にあたる木を伐ると死ぬとか、鬼門の方角の人との縁組はよくないという方角禁忌を生み、鬼瓦を屋根にのせ、鬼門除けにするという習俗まで生んだのである。

また八〇六年に、空海によって将来された密教経典「宿曜経《すくようきょう》」にもとづく星占いも、人々のこころをとらえていた。僧侶が、占星術によって人の運勢判断などを行うもので、比叡山や奈良興福寺などを中心に発展し、卜占《ぼくせん》の名手とされる僧侶が登場してくる。

とりわけ律令制がくずれてゆく平安時代は、御霊信仰に象徴されるように、貴族社会の精神的不安が、中国伝来のさまざまな思想書、占術書の解釈によって煽られていった時代といえるだろう。ここに怨霊調伏という密教的呪法が求められ、山中に修行を重ねた修験者は、さらに聖俗の迫間に立たされることになるのである。

【四】神仙道教と小角の呪術

「天文遁甲に勝れていた」(『書紀』)とは、天武天皇についていわれる特色だが、この天武帝の諡《おくりな》は「天渟中原瀛真人《あまのぬなはらおきのまひと》」とある。

「天渟中原」の「天」は尊称で、「渟中原」はもと水沼だった地を浄御原《きよみはら》の都にしたことを意味していた。また「瀛」は『史記』に見える、西暦前三世紀ごろから、東方の海の彼方にあり、仙人が住むところとされた三神山、すなわち蓬萊《ほうらい》・方丈・

瀛州《えいしゅう》の中の瀛であるから「瀛州に住む真人」ということになる。

そして「真人」こそ、西暦前四世紀ごろに活躍し、道家思想を大成した人ともいわれる、中国の哲学者荘周の著『荘子《そうじ》』にいわれる「人生と世界の根源的な真理」（道《タオ》）を体得した人にたいするよび名だった。福永光司氏によると「真人」は「絶対的な人格をもつ人」という意味になる。

因みに、紀元前三世紀、中国の戦国時代の終わりに発達してくる占星術的な天文学において、天体観測の最高水準になる北極星を神格化したものが天皇大帝といわれ、宇宙の最高支配者という意味をもっていた。日本の天皇といういい方はここからきており、歴史的に明神《あきつかみ》・現人神《あらひとかみ》とよばれてきた意味と符合する。

天武帝は、豪族を中央集権的な支配組織の中に組みこむために「八色《やくさ》の姓《かばね》」という姓の制度を制定（六八四年）するが、真人・朝臣《あそみ》・宿禰《すくね》・忌寸《いみき》・道師《みちのし》・臣《おみ》・連《むらじ》・稲置《いなぎ》の中で、真人は最上位におかれ、皇族だけに与えられる姓だった。

こうした呼称はそのまま中国の神仙道教の反映であろう。

そして天武帝から持統帝の時代以降、さらに道教の影響が強まってくる。先の「八色の姓」にある真人、さらに紫という色が重要視され、占星台が設けられ、皇位を象徴する二種の神器として鏡と剣が登場する。

その上、平安時代には多くの道教経典や道教的な典籍が中国から伝来しているが、そんな中には、中国における神仙修行の聖地について書かれている書物もあった。院政期のおわり寛治年間（一〇八七―九四）に歌人・漢学者として活躍した大江匡《おおえのまさ》房《ふさ》（一〇四一―一一一一）の撰になる『本朝神仙伝』などは、その影響のもとに生まれたと考えられる。

ここには、死後に白鳥となって天翔けたといわれる倭　武　命《やまとたけるのみこと》や、甲斐の黒駒に乗って昇天したという上宮太子（聖徳太子）、そして役行者や白山を開いた泰澄大徳など三十七人の神仙的な人物が登場する。

あらためて『霊異記』（「上巻」）の「第二十八」をたどってみると、そこには役小角がいつも五色の雲に乗り、はてしなき大空の外に飛び、仙人たちといっしょになって、永遠の世界に遊び、花でおおわれた庭に臥伏し、心身を養って、霊気を十分に吸うことを願っていた、とある。

その小角は葛でつくった着物を身にまとい、松の葉を食べ、清らかな泉で身を清め、もろもろの欲望を祓い、孔雀経の呪法を修め、不思議な験力を会得して身につけることができたという。

　ここには神仙道教の世界がそのまま小角の修行に反映して語られている。神仙の道術には穀物を辟け（辟穀）、呼吸法によって心身の調整（服気）を無心に実践することが肝要とされ、極度の食事制限が説かれているが、伝えられる小角の修行は、このもっとも厳しいレベルにあったと考えられる。

　中国の神仙伝に登場する仙人たちも松の実を食べ、空を飛んだ。そして道教の仙術は不老長生を説くが、小角の修行に伝えられる「仙界に遊ぶ」とは、同時に現実の権力社会との距離を示唆しているだろう。

　小角が山籠し、修行を重ねた金峯山は、道教の永世信仰のもとに黄金浄土ととらえられてきた。すでに奈良朝には、平城京に近い葛城山や、大和の水源に位置した吉野金峯山のあたりは、神仙世界として聖視されていたのである。

　むろん黄金浄土伝承の背景には、中国において「金色の世界」といわれた文殊菩薩の霊山五台山に修行した、日本の多くの天台系僧侶がもたらした、道教思想の影響もある。

　しかし伝承は、吉野金峯山が古くから、標高八五八メートルの青根ヶ峰に、水分《みくまり》神を祀ってきたことと無縁ではないだろう。吉野水分神への奉幣祭祀は飛鳥時代にはじまると考えられ、水分神は国家祭祀の対象ともいえる重要な位置にあった。そして『万葉集』の「神さぶる　岩根《いわね》こごしきみ吉野の　水分山を見れば悲しも」(巻七―一一三〇)の歌が生まれる。

金峯山にいわれる黄金浄土は、現実の黄金とも、また水銀の埋蔵とも結びつけていわれるが、この聖なる水による永世信仰が生みだしたものとも考えられる。とするなら、役小角が祈りだした、堅固なる大地から湧出したという蔵王権現が体現する忿怒は、聖なる水を擁する山岳浄土という生命体を侵そうとする者への根源的な戒めでもあるだろう。だからこそ蔵王権現は、山岳という生命に向き合う修験者の守護神になりうるのだ。

そして小角の一千日におよんだという激しい祈りは、さまざまな教えを体現した仏のかたちを、トータルに体現する尊格の出現にたいしてであったのだ。蔵王権現が釈迦・千手観音・弥勒を体現し、過去・現在・未来にわたる救済仏を体現しているのは、このことを語っている。

さらに吉野川は上流におよんで丹生川の名でよばれるが、その川岸には丹生川上神社があった。丹生は水銀を産するところを意味するが、川の上流・源流をもいう。いわば吉野川の最上流になる川岸にかつて丹生川上、上社・中社・下社の三社があったというのだ。いずれも水神系統の神を祀る社だが、古来、丹生川上雨師社《あめしのかみ》として知られ、白鳳四年（六七六）に雨師神《あめごい》が斎《いっ》き祀られている。

以来、日照りがつづいた天平宝字七年（七六三）五月二十八日に、丹生川上の雨師神へ請雨祈願のため黒毛馬が奉納されたのをはじめ、室町時代におよんで、朝廷の勅使奉幣は九十六回におよんでいる。雨師神へは祈雨に際しては、黒雲をよぶという願いをこめて黒毛馬が、止雨の願いに際しては、晴天を願って白毛馬が奉納されていたのである。

平城京から吉野の山奥に位置する丹生川上社への奉幣。ここには国家的祭祀のおもむきさえある。そしてむろん、民間の祈雨・止雨の祈願も多く、雨師の明神として崇拝されてきた。十世紀の『延喜式』神名帳に、吉野郡鎮座の丹生川上神社は、名神大社に列せられている。

だが雨師神への祈願は平安時代にいたって、その祈願はつづくものの、やがて平安京の北、高野川の上流になる貴布禰《きふね》（貴船）社への奉幣が目立ってくる。

[上] 古代水神の聖地、吉野水分神社。
[下] 丹生川上神社。

孔雀経の呪法を修め、不思議な験力を示したという役小角。密教・神仙道教をも体現する小角が、その験力をもって、農耕社会が求める祈雨・止雨・五穀豊穣の願いに応えなかったはずはない。だがなぜ、祈雨・止雨の修法と一体となった孔雀経の呪法が執拗に小角の伝承にのぼるのか。

それは当時、古来の神祇祭祀による祈雨・止雨に代わる、伝来の密教的呪法が人々に奇異に映り、一方ではそれまでにない効験を発揮して民衆の願いに応えることができたからではないのか。

おそらく役小角という宗教者は、渡来の文化が日本人の精神世界に具体的な意味を持ちはじめた、政治的にも宗教的にも大きな転換期にさしかかった時代に生きた、その意味で革命的な宗教者であったと考えられる。小角が同族の神と対峙し、配流の罪を負う孤独こそ、時代の変革者の姿なのだ。

小角の名によって打ちだされた密教、道教による呪術、神仙思想が促す世界観は、平安時代にいたっていよいよ現実的な宗教活動をともなって、弱体化した律令社会を動かすことになる。ここでは、不老長生という神話の世界を離れ、修験者は王城に生きる人々の精神の不安の渦中に躍りでて行ったからである。

第四章

山林修行者としての最澄・空海

【一】比叡山の開山と最澄

延暦十三年（七九四）、不穏な政治状況をかかえながら平城京から平安京へと都を遷した桓武天皇（七三七―八〇六）は、奈良の伝統仏教とは別の、新しい宗教の出現を望んでいた。

山林修行者であった三十一歳の最澄が、宮中の内道場に列する内供奉《ないぐぶ》十禅師（終身の栄誉職）の一人に任ぜられたのは、この桓武天皇の存在によっている。

近江国（滋賀県）滋賀郡古市郷（いまの大津市）に応神天皇（在位二七〇―三一〇）

の時代に定着した、中国系帰化人の家に生まれた最澄（七六七―八二二）は、十九の年の四月に東大寺で具足戒《ぐそくかい》を受け、正式の僧（比丘）となるが、その年の七月には、故郷に近い比叡山へ入り、山林修行者の道をえらんでいたのである。

東大寺で戒を受けた国家公認の僧が、受戒後三ヵ月にして、僧侶の勉学・教学研究のためのあらゆる設備がととのった官立寺院をとび出し、山林修行者となる。こうした破格の行動が容認される新しい時代に向かっていたとき、最澄はインド以来受け継がれてきた、僧侶が僧院において研究・修行を重ねるという、その伝統の外にとび出したのだ。

たしかに最澄の出家者としての人生は、新しい時代にはじまっていた。僧道鏡との強い絆のもとに皇位にあった称徳天皇のあとを継いだ光仁天皇（在位七七〇―七八一）の時代、すでに金峯山の修行者一人と、熊野の修行者一人が十禅師のうちの二人として選任されていたのである。こうしたことは、それ以前にはありえなかったのだ。そして桓武天皇は、この光仁帝の第一皇子だった。もはや山林修行者は、単に警戒の眼で見られるだけではない、戒を守り、真に仏法を求める修行者は積極的に公認されていたのである。

伝教大師最澄像（大津市坂本・生源寺蔵）。

八〇五年、入唐還学生《にっとうげんがくしょう》（短期留学生）の最澄が帰国し、その彼に天台法華宗（天台宗）立宗が公認されたのは翌八〇六年正月のことだった。二〇〇六年は、天台宗開宗千二百年の記念の年ということになる。最大の庇護者ともいうべき桓武天皇が、身近かな人々の無念の死、長岡京遷都の中絶と、悩みの多かったその生涯を閉じたのは、天台法華宗公認の二ヵ月足らず後のことだった。

ならば最澄の比叡山入山とは何だったのだろうか。

奈良時代のはじめ、七一五年ころに藤原武智麻呂が禅院を設け、その後、修行者の姿もあったと伝えられる比叡山だが、青年最澄が入山して経典を読誦・写経し、研究のできる設備などはおそらくなかったと考えられる。むろん、比叡山の大津側山麓を占める日吉大社のあたりは、古く『記』（上巻）に、大年神が生んだ子として登場する大山咋神《おおやまくいのかみ》が鎮座するところでもあった。

『記』には「大山咋神、またの名は山末之大主神《やますえのおおぬしのかみ》。この神は、近江国の日枝山《ひえのやま》に鎮座され、また葛野《かずの》の松尾に鎮座されて、鳴鏑《かぶら》を使う神である」とある。さらにこの神域には、天智天皇の七年（六六八）に、三輪の大己貴神《おおなむち》が祀られていた。

いま、日吉大社の神域を歩くなら、社殿の後方に神体山と目される八王子山の木

[上] 比叡山、眼下に琵琶湖を望む。
[下] 八王子山山頂の磐座。

叢が見え、その山頂では注連縄をめぐらした巨岩が、磐座《いわくら》として鎮もっているのに出会うだろう。また東西本宮に分かれた神域の東本宮に隣接して、古代の横穴式古墳が何基も巨岩の重なりを見せているのに出会う。その上、東本宮域には、樹下宮《じゅけぐう》とよばれる、社殿の床下からいまも湧水があふれ出ている古社もある。

最澄は、おそらく仏教伝来以前にはじまるであろう神の領域を山麓にもつ、のちの平安京と琵琶湖側とを画する山へと入って行ったのだ。その十九歳の入山に際し、最澄は決意表明ともいうべき『願文』を記しているが、それは「この世界は苦しく憂いばかりで、楽しいことは少しもない」と人生の無常を嘆きつつも「愚かのなかでも、もっとも愚かなもの、狂っているもののなかでも、もっとも狂っているもの、塵芥のようなもの」と、徹底した自己内省による出家の志を明らかにしながら、五つの誓願を立てていた。

「その一は、眼・耳・鼻・舌・身・意の六根が仏と同じように清浄にならないかぎり、俗世間に出ない。その二は、仏法の真理を明らかにしないかぎり、才芸にかかわることはしない。その三は、戒律にのっとった生活が行えるまで、施主の法会にのぞまない。その四は、真に智慧の心が得られないうちは、世間のことにたずさわらない。その五は、この現世で修める功徳はひとり自分に受けるのではなく、普《あまね》くすべてのものに及ぼし、すべての人がこの上ない悟りを得るようにしたい」というものであった。

もっとも勉学にふさわしい環境と思われる東大寺を離れ、山中に身を投じたのは、最澄にとって大乗仏教の根本聖典である法華経の研鑽が、山林修行によって究めることができるという決意と自信があったからであろう。

中国仏教のもっとも大きな成果のひとつと考えられる天台学は、隋《ずい》の智顗《ちぎ》（五三八―五九七）によって大成されるが、その智顗は、長安の都から遙か遠く離れた浙江省の天台山に隠棲し、行学を重ねていた。最澄の比叡山入山は、智顗の仏教思想・哲学の形成にとって決定的な意味をもつと思われる天台山入山と響き合う。

標高八百メートルの大比叡岳を主峰として五峰が連なる比叡山が、八世紀の末期どんな状況にあったのか。

奈良時代の漢詩集『懐風藻《かいふうそう》』（七五一年成立）に、外従五位下の石見守麻田連陽《あさだのむらじや》春《す》の一首として「近江は惟《こ》れ帝里、稗叡《ひえい》（比叡）は寔《まこと》に神山……宝殿空に臨みて構え、梵鐘風に入りて伝う……」とあることからすれば、当時ここに仏堂や鐘楼があったとも考えられる。しかし最澄は現在の根本中堂が建つ地に、一乗止観院を建立したというが、それは山中の草庵に近い修行道場にすぎない簡素なものだったのではないか。

しかも最澄の修行環境は、のちに比叡山が「論湿寒貧《ろんしつかんぴん》」をその特徴としていわれるくらい苛酷なものだったにちがいない。「寒冷な山上のお堂に籠もって、清貧にあまんじて法華経の論議を尽くすべきだ」という最澄の遺誡は、自身が体験してきた、厳しく烈しい修行の日々そのままの戒めであろう。

多くの典籍に恵まれ、衣食がととのう大寺における研鑽によって、仏法の奥儀を究めるのではなく、日月星辰を間近かに、風雨を友とした山岳における修行によって、悟りの智慧を得ることができる。それは、自身を「愚かななかでもっとも愚かな自分、狂っているもののなかでもっとも狂っている自分」と見据えた最澄の、山林修行に心身をゆだねた、退路を断った進路選択であろう。

五穀豊穣を託す神が鎮もる神体山。湧水の聖地。祖霊が鎮もる古墳群。この、いわば神々の領域を、最澄は仏教者の修行道場という新たな世界へと切り開いたのだ。それも自身が現世で修める功徳によって、すべての人が苦悩からぬけ出て、悟りを得ることができるようにという願いをこめて。

比叡山は求道の僧最澄による、二度目の出家ともいうべき入山によって、菩薩道という仏道修行の道場となったのである。

しかもその菩薩道は、唐において師僧の道邃《どうすい》から授けられた菩薩戒のさらなる徹底によって成りたつはずだった。かつて東大寺において最澄が受けた具足戒は、比丘が二五〇戒、比丘尼が三四八戒を守らなくてはならないというとてつもなく厳しいもので、その実、多くの僧の日常において形骸化していた戒であった。

この、かたちばかりで内実のともなわない授戒に疑問をもちつづけた最澄は、大乗の梵網戒《ぼんもうかい》という、むしろ「こころのもち方」ともいうべき、心がまえを重視した戒を実践するための、大乗の戒壇院設立を切望したのである。

奈良時代をつらぬき、多くの僧の生き方において形骸化していた戒律観を見てきた最澄は、この大乗の菩薩戒を基本に据えるとともに、修行僧の比叡山での十二年籠山を打ちだしていた。

南都（奈良）仏教からの猛反対にたいし、最澄が逐一反論したことはむろんだが、日本仏教は、在家出家に区別なく授けることができる大乗戒の勅許によって、仏道修行の一層の自己管理を問われることになる。

七五三年に来朝した鑑真《がんじん》が、東大寺の仮設の戒壇において授戒を行って以来、奈良の東大寺、東国の下野《しもつけ》薬師寺、九州大宰府の観世音寺の三ヵ所だけに戒壇院が設立されていた。国家公認の僧を志す者は、このうちのどこかで具足戒を受けなくてはならなかったのだ。

最澄が願った比叡山上における大乗戒壇院の設立は、その死後七日後に許可されていた。山岳に身を置き、修行しつづけることによって悟りの智慧を得ることができると確信した最澄による大乗戒の提示は、自身が選んだ、山林修行によってこそ生まれた、まったく新たな地平を切り開くかもしれない希望ではなかっただろうか。

山林修行者への厳しい警戒の目があった八世紀。役小角に象徴される私度僧が体得した密教的呪法は、民衆が待ち望んだだけではない。それは聖武帝の近くにいた多くの看病禅師が語るように、朝廷も密かに必要としていたのである。最澄による山林修行は、かつて公けではなかった宗教活動の公認であるばかりではなく、より積極的な人間救済のための仏教への展望を示していたのである。

鎌倉時代に入って、法然・親鸞、さらに栄西・道元、そして日蓮らによって新たな日本仏教が打ちだされてゆくが、彼らが比叡山に修行を重ねたことは偶然ではないだろう。

そして比叡山が仏教僧最澄によって、新たに開かれていったことは、日本の神仏習合にさらに具体的な意味を与えることになった。すべての生類に仏性があると説いた最澄の思想は、人間だけにとどまらず、世界全体に向けられたからである。

修験道が比叡山における、四宗兼学という天台仏教によって新たな地平を切り開いてゆくのは、最澄の山林修行によってはじまるのである。さらにまた、平安時代は最澄・空海につづく円仁・円珍等々の活躍によって、山岳宗教の時代ともいうべき特徴を示してゆく。

【二】法華経と密教——最澄による日本密教

八〇四年、最澄は目的を定め、短期間滞在し学習する還学生として入唐するが、一行四隻の遣唐使船団には空海も乗船していた。

目的地の天台山における天台教学研究にはじまる、およそ八ヵ月間の滞在は、都の長安へ行く機会もない慌ただしいものだった。それは帰国後の比叡山における修学に、法華経研究（円）・律・禅・密教の四宗をカリキュラム化するための学習でもあり、これらすべての専門家の教えを受ける日々だったと想像される。

翌八〇五年に帰国し、さっそく高雄山寺などで灌頂《かんじょう》を行い、仏画制作の指導にあたったりするが、最澄を待ちかまえていたのは、病床にある桓武天皇の要望による、密教的修法にたいする期待であった。

しかし最澄の密教修学は、帰国直前のおよそ一ヵ月に限られたものだった。しかもそれは、密教隆盛の長安ではない、天台山の北方の越州の灌頂道場において灌頂を受け、真言を伝授され、印相の結び方等々を学ぶというものだった。

最澄帰国の翌八〇六年、密教に的をしぼり、都長安において研鑽を重ね、帰国した空海に比ぶべくもないが、最澄は自身の密教修得の足りなさを誰よりも知っていただろう。それが、天台法華宗立宗の勅許が下り、一宗の代表の立場にありながら、空海にたいし弟子の礼をとり、幾度もの密教経典借用につながっていたのである。

最澄は、自身の天台法華宗に認可された、正式の二人の僧の養成にあたって、一

最澄が学んだ中国天台山国清寺。後方の壁に「隋代古刹」と書かれている。

人は中国天台宗の祖智顗の主要著書である『摩訶止観』を学ぶ僧として、いま一人は、密教経典『大日経』を学ぶ遮那業《しゃなごう》としていた。天台教学の柱といえる法華経研究をはじめ、最澄による日本天台宗は、この他に律・禅・密教を併せ学ぶ四宗兼学が基本となる。

仏教の総合大学であろうとした天台法華宗だが、のちに空海による真言密教が都の東寺を中心としたことから東密とよばれるのにたいし、台密といわれる天台の密教は、最澄の次代をになう円仁や円珍らによる大部の密教経典将来をまたなければならなかった。

しかし六世紀の智顗によって体系づけられ、中国天台の第六祖荊渓湛然《けいけいたんねん》（七一一—七八二）によってさらに具体的となる天台教学だが、最澄はここにはなかった法華経解釈を打ちだしていたのである。

それは密教経典の大日経・金剛頂経と法華経との一致説であり、毘盧遮那如来と釈迦如来の一体説であった。最澄は大乗経典の法華経を密教的に解釈しようとしたのだ。またさらに、のちの日本仏教への影響が決定的ともなる、法華経解釈による「諸法実相《しょほうじっそう》」の論が打ちだされていた。

「現象世界がそのまま真実そのものである」という。

釈尊の教えの根本が「諸行無常」にあり、「諸法無我」にあることはいうまでもない。あらゆる現象、つくられたものは、さまざまの原因がはたらくことによって、たまたまそこに現象しているにすぎず、現象のすべては、瞬時といえども同一のままではありえず、変化してやまないのだという諸行無常。

さらに、あらゆる存在は、そこに永遠不変の本質を有しない。すべてのものは、そこになんら実体的なものはなく、さまざまの原因がなくなれば、ただちに滅するのだという諸法無我。

いずれも本来、実体のないものにとらわれ、自己に執着することのむなしさを指摘するものだが、最澄は「現象世界がそのまま真実そのもの」だという。

最澄にとって終生のテキストである法華経の「従《じゅう》地《じ》涌《ゆ》出《じゅつ》品《ほん》」には「釈迦如来が現在の生涯において、はじめて仏陀となったというのは、人々を導くための方便の教えであって、実は遠い過去の生涯以来仏陀として活動しつづけてきた。その寿命は計りしれないほどであり、今後もなおシャーキャムニ如来はこの世に出現して衆生を済度するであろう」（渡辺照宏著『法華経物語』）とある。

また同経の「如来寿量品《にょらいじゅりょうほん》」には「すでに久しい以前からさとりをひらいた如来は無量の寿命を保ち常に現前している」とある。釈迦如来は「衆生を済度する方便として入滅の姿を示す」のだと説くこの経典には「久遠実成《くおんじつじょう》の釈迦」が明らかにされているのだ。永遠に現前する釈尊である。

法華経という大乗経典は、現世において世界をどうとらえ、どう生きてゆくかという視点において説かれているところにその特徴がある。

この現世肯定的な教えが在家主義と結びつく要素であるため、日本の明治以降の新しい仏教教団（いわゆる新興宗教とよばれる教団）の多くは法華経を主要経典として広がってきたのである。

法華経が、浄土教が主題とする後世ではなく、現世における生きようを問題とし、諸法が実相ということになれば、この現象世界をどうとらえ、生きてゆくかということは重要なテーマとなるだろう。

そして「草木成仏《そうもくじょうぶつ》」といわれるように、すべてのものは仏性（仏となる可能性）をもち仏となる、と最澄は確信していう。

ここであらためて最澄の、十九歳の比叡山入山を考えなくてはならない。最澄は山林修行によって、悟りの智慧を得ることができると信じていた。そのために、自分を愚かななかでもっとも愚かな自分と見据え、徹底した自己内省を遂げていた。最澄は生まれたての生命、何も予備知識も警戒心も持たない、ひとりの人間として山に入ろうとしたのだ。

その最澄が「諸法実相」を確信する。それは、山岳がもつ一瞬といえどもそれ以前のままではない、まさに自然そのものの息づき、活動、ありようが「移りゆくものとして真実」なのだという生命観を最澄に促したのではないか。「現象世界がそのまま真実そのものである」のは、山林修行者最澄の偽りのない実感であろう。

自然の渦中にあって、日月を間近かに、四季の移ろいに寄り添い生きる生命として、眼前の現象を肯定しないはずはない。しかも日本の自然は、「物質は空《くう》なるもの」と厳しく説いた、そのインドにおける激しい自然ではない。

そしてさらに最澄は、天台学が説く「一瞬の中にすべてをとらえ、見る」〈一念三千〉の世界観を強調する。

人間のさまざまなあり方として地獄・餓鬼・畜生・修羅・人間・天・声聞《しょうもん》・縁《えん》覚《がく》・菩薩・如来の「十界《じっかい》」がいわれるが、これはひとりの人間の内に秘められた多様な性向であり、心境でもあろう。

天台学では、この十界それぞれに十界があると説きながら、ついには三千世間を説き、それは人間の一念の内に含まれるという。これは、善いことも悪いことも、楽しいことも苦しいことも、美も醜もすべてそれは表裏のこととしてあり、こうした世界のありようは、こころを一点に集中する瞑想の、その一瞬においてわかる、ということになるだろうか。

一瞬間の一念。この一念が世界のすべてであり、世界が一念にほかならないとすれば、世界を否定的にとらえるより、真実そのものとして肯定的にとらえる以外にない。

最澄によって、いわば日本密教としてさらに具体的に思想化された「諸法実相」「一念三千」という世界のとらえ方は、より根本的に現実肯定の哲学として、鎌倉時代中期以降の天台宗を中心に「本覚思想《ほんがくしそう》」の名で発展をみることになる。

男女、老若、生死、善悪等々、これらはそれぞれ善は善として、悪は悪として固定の実体（我《が》）をもってあるのではなく、無我・空《くう》のもとで一体をなしていることによって実相であるという。

この現実肯定の思想こそが、日本の仏教思想の根底を占めるものなのだ。それは、山林修行がそうであるように、古来、日本人は自然に向き合いながら、その自然のありようひとつひとつにタマ、カミといった、いわばスピリットを認識するアニミスティックな宗教観を育んできたからである。

そして本覚思想の徹底が、生も死も、老も若も、そのどれもが別々に分けてとらえられるものではないという、いずれをも肯定してゆく思想を育んでゆく。

和歌や生け花、茶の湯、さらに能楽など、日本文化の理論化はこの思想をもってすすめられてゆくのである。むろんこうした現実肯定の論は、表裏の関係で、仏教修行の軽視を生み、釈迦仏教をさらに変容させてゆく危険もはらんでいた。

だがインドに生まれ、中国においてさらに統合・大成されてきた密教と、最澄による法華経解釈の独創性との融合が生みだした日本的密教は、のちに本地垂迹説をはじめ、多くの神仏習合文化を創造するきっかけとなったのである。

【三】古代の聖地と空海

弘法大師の名で親しまれ、全国各地に伝説をのこしているだけに、空海の実像にはつかみ難いところがある。ここが同時代に生きた最澄との大きなちがいであろう。最澄はどこから見ても求道者であり、求道者であるがゆえの厳しい悲しみのようなものが、その身辺にただよっているようにみえる。くらべて空海は、その多才な活躍もさることながら、ちょっと恰好よすぎるところがある。

おそらく空海には、密教に的をしぼって入唐を果たし、短期間ではあるがその成果をあげ、帰国した日本の王朝がこぞって、その密教的なるものに期待を寄せたことにたいする、たとえようもない自負と自信があったからではないだろうか。

しかも空海には挫折の影が見えず、最澄には死ぬまでその影をひきずっていたような気配がある。

空海は二十代のはじめに、儒教や道教を知った上で仏教が優れた教えであることを信じていた。二十四歳（七九七年）のときにまとめた、戯曲風の著作『三教指帰《さんごうしいき》』は、これら三教を体現した人物を登場させ、さながら比較宗教思想風の物語に仕立て上げている。

しかもこの著作の中で空海は、みずから山林修行をしていたことを述べていた。だが、三十一歳の八〇四年、四月に東大寺戒壇院で受戒し、その年の七月に入唐留学生《るがくしょう》として乗船するまでのおよそ七、八年のあいだ、空海の行動については何もわかっていない。

のちの活動などからも推定されるのは、空海が二十歳のころには机上の学問を離れた山林修行者であったことである。そしてその行動が奈良の都から吉野・大峯周辺・高野山のあたりに及び、ふる里のある四国に広がっていたことも推定できる。

空海は四国八十八札所の第七十五番札所になる善通寺のあたりで生まれていた。したがって四国には空海の修行にゆかりの地が多いこともあって、八十八ヵ所の霊場にはすべて空海、いや弘法大師の伝承があった。四国八十八札所は弘法大師が四十二歳の厄年のときに定めたとも伝えられている。

弘法大師とは、没後の延喜二十一年（九二一）に醍醐天皇から贈られた諡号《しごう》だが、大師号は、生前にさまざまの功績があり、その徳が多くの人に慕われた高僧にたいし、朝廷（天皇）から与えられるものだった。因みに最澄には八六六年に伝教大師の諡号が贈られている。

そして空海はこの弘法大師の名で日本全国に多くの伝説をのこしているが、その多くは、大師が杖で大地をたたくと、そこから水が湧きでたという、湧水伝説であろう。事実、四国八十八札所には、湧水・清水伝説が多い。

四国の春は巡礼の鈴の音にはじまるといわれるが、白衣に身をつつんだ人々は「なむ大師へんじょうこんごう」と唱えながら歩く。遍照金剛は大日如来の密教的な呼び名であり、空海の灌頂《かんじょう》名でもあるが、お遍路は弘法大師その人と、その背後にある密教の主尊大日如来への帰依をこめて、道中、絶えずこう唱えるのである。ここでは空海の名を耳にすることはまずない。

そして弘法大師伝説こそ、密教僧空海の多岐にわたる活躍が生んだものなのである。

『三教指帰』に「阿波（徳島県）の太龍岳にのぼり、あるいは土佐の室戸崎において祈り瞑想した。谷全体が響きわたり、明星が降ってきた」とある。標高六百メートルの山上に広がる札所二十一番太龍寺は、空海がこの地の南舎心岳で百日間「虚空蔵求聞持法《こくうぞうぐもんじほう》」を修行したとされる山岳霊場であった。

[上] 四国・室戸岬、御厨人窟。
[下] 四国八十八札所を巡礼する人々（第三十六番青龍寺）。

長いあいだ「求聞持法」とよばれる行法は、厖大な経典を集中力をもって読み、それを記憶するために実践されるといわれてきた。百日間で、虚空蔵菩薩のご真言を百万遍唱える密教の修行であった。空海は青年期に、一沙門から「求聞持法」を教えられたと語っている。

奈良時代の前半に、吉野にあった比蘇《ひそ》寺あるいは吉野山寺とよばれる寺は、渡来系の檜前《ひのくま》氏の創立といわれるが、ここでは平城京の官寺の僧たちが「求聞持法」を実践していたのである。

天平年間（七二九―七四九）に唐から渡来した神叡が、比蘇寺にしりぞき「虚空蔵求聞持法」を修得したという。それは、何ものにもとらわれない、本来の、自然《じねん》の智慧を獲得しようとするもので、そのグループは自然智宗とよばれていた。

太龍岳における行はまさにこれで、空海はさらに、室戸岬においても、これを修行したという。しかもここでは「谷響きを惜しまず、明星来影す」という体験をする。

土佐の海を前にした洞窟「御厨人窟《みくろど》」が、高さ三メートルほどの口を開いている。空海は野生の胎内ともいうべき、過去と現在、未来を結び、黄泉国《よみのくに》と現世を結ぶ空間に修行を重ねたことになる。そしてそこで、みずから大地の響きと一体となり、虚空蔵菩薩を象徴する明星が降りそそぐのを実感したのだ。

この空海の体験は、仏教の尊格に祈りを重ねながら、その成果が自然現象として現れたことを語っている。虚空蔵菩薩ではない、明星が来影したのである。つまりここにも、日本特有の密教修法、修験道の実態があるのだ。

空海は正式の密教僧になる以前に、密教の行法を実践していたことになる。すでに当時、日本へは『最勝王経』や『薬師経』『理趣経』をはじめ、『十一面観音呪』『不空羂索呪《ふくうけんじゃくじゅ》』等々の密教的経典、陀羅尼や真言が伝来しており、僧たちによって唱えられていた。だが、この空海の密教修行は、役小角が葛城山において山林修行を重ね、密教的呪法を発揮していた時代から、およそ百年後のことである。

さらに空海は青年期に、四国一の霊峰石鎚山《いしづちさん》（一九八二メートル）で修行し、山中・山麓に多くの伝承をのこしている。山頂下に、空海修行の跡も伝えられ「天《てん》柱石《ちゅうせき》」（御《お》塔《とう》石《いし》とも）といわれる、男根《リンガ》状の高さ百メートルほどの岩山がそそり立っている。この岩山には大日如来が秘められているという伝承があり、古来「あまのみはしらいし」とも呼ばれていた。

また山なみの中腹の第六十番札所横峰寺には、役小角が石鎚山頂に現れた蔵王権現の姿を石楠花の木に刻んで小堂に安置したという伝承があった。第六十四番前神《まえがみ》寺《じ》では、三体の蔵王権現像を寺宝としていた。毎年七月一日から十日までの石鎚山の山開き行事には、三体の蔵王権現像が、修験者の手によって山上に移され、人々の災厄をとり除く役をになう。

山頂から瀬戸内の海が望める石鎚山には、密教が入る以前に熊野信仰、金峯山信仰、道教・神仙思想、そして古来の神信仰があり、それらは山林修行者によって融合されて行ったと考えられる。

空海の修行はこうした多様な伝承をもつ古代に根ざした霊山において実践されたのである。そして空海によって、山岳性、海洋性に根ざした宗教が統合されて行く。青年期における不明の七、八年間、山林修行の時代と考えられるこの間に空海は、その著書・伝承からうかがえるように、すでに奈良時代以前からの聖地とされた吉野を歩き、「吉野より南に一日行き、さらに西に両日ほどで、高野とよばれる平原の幽地がある」と記しているように高野山を知っていた。だからこそ空海は後年、都の喧噪を離れた高野山に理想の密教道場を考想するのだ。

二十年間、唐において学ばなくてはならない留学生の空海が、およそ一年半ほどの滞在で帰国していた。

吉野を歩き、高野山周辺を歩き、四国の山中に修行し、海を間近かに密教の行法を実践していた空海。その彼には、山の修験と海の修験が体現されていた。それが彼の曼荼羅思想ともいうべき世界観となって発揮されてゆくのだ。また空海の修験には、こんにちにおよぶ、より顕在化した密教修法が駆使されていたと考えられる。

青年期、最澄も空海も山林修行者だった。しかし、こと密教に関して空海は、その行動がより早くから密教的であったといえるだろう。そして、おそらく空海は、奈良仏教を離れようとしていたその時代の流れが、さらに本格的な密教修法を求めていることを察知していた。このことと、一年半の唐留学で帰国したこととは無縁ではない。

入唐の目的が密教の学習・修得にあり、当時の日本にはない厖大な経典群の将来があり、諸々の密教法具類の蒐集のあったことは、時代の要請に応えようとする空海の、大がかりな仏教的戦略兵器のようなものだったといえるかもしれない。

【四】曼荼羅という世界観——空海にとっての如来

八〇四年八月、福建に上陸した空海は、都長安へ十二月に入る。

唐代文化がもっとも華やかに咲きそろった玄宗《げんそう》皇帝の時代（七一三年から七三八年ごろにかけて）に、密教はインド僧善無畏《ぜんむい》（六三七—七三五）、金剛智《こんごうち》（六七一—七四一）らによってもたらされ、不空《ふくう》（七〇五—七七四）の密教的祈禱によって一気に盛り上がっていた。

そして不空門下の恵果《けいか》（七四六—八〇五）によって、大日経系の密教と金剛頂経系の密教が統合され、金剛界・胎蔵両部の曼荼羅という中国独自のかたちが生まれる。空海はこの真言密教第七祖にあたる恵果に、その死の半年ほど前に青龍寺で出会い、弟子となり、たてつづけに密教の秘法を授けられ、付法を受けることになる。

西へペルシア、イラクに及んでいた交易路は、海路へも広がっており、大帝国唐の都長安では、仏教の密教はもとよりゾロアスター教、マホメット教（イスラーム）、景教（キリスト教ネストリウス派）、マニ教、ユダヤ教などがその活動の場を広げていた。

唐帝国の都であった西安（かつての長安）。

大日如来を中心とした胎蔵曼荼羅（高野山大塔内）。

八世紀の長安の人口は、郊外を含めると一九六万人におよんでいたという。因みに当時ヨーロッパ第一の都市ローマの人口は四十五万人、パリは二十万人、ロンドンは十二万人ほどだったという。空海は、この世界最大のインターナショナルな都市で、さまざまの文化に触れ、密教をもたらしたインド僧に直《じか》に教えを請い、短時日のうちにそれらを吸収したものと思われる。

帰国した空海によってもたらされた経典が厖大なものであったことはその「請来目録」によって明らかだが、ほかに密教法具もあり、中で大日如来を中心とした金胎両部の曼荼羅図は、それまで日本では見たこともない、誰もが目を見はった仏の世界であったにちがいない。

空海によって、密教の集大成が日本にもたらされたのである。

そして、空海による真言密教は、ときの帝王嵯峨天皇（在位八〇九―八二三）によって全面的に受け入れられ、この嵯峨帝と和気《わけ》氏の援護によって、それまでにない活動の場を広げてゆく。

嵯峨天皇の要請による病気平癒のための加持祈禱。京都神泉苑における雨乞いの修法。こうした密教修法を駆使した祈禱は奈良時代にもあったが、空海のそれは、修法それ自体が高度なインド密教に近いものだったと想像される。

おそらく空海の修法は、青年期の山林修行によって体得された野性のエネルギーが、修法それ自体を活性化させ、祈禱の場を場面転換させるほどに仏の臨在を実感させるものだったのではないか。

青年期における「虚空蔵求聞持法」の実践。長安におけるインド僧から直伝されたであろう祈禱・修法。さらに多くの密教経典、曼荼羅等々の将来。留学という宗教活動に全力をそそいだ空海にとって、もたらした多くの将来品は単なる珍品であるのではない。それらは空海という密教的個性によって総合され、消化され、さらに昇華された密教修法となって、時代の最前線において駆使されたはずだ。

したがって空海によって駆使された「三密加持《さんみつかじ》」は、身体によって手印を結び、口に真言を唱え、こころに本尊をイメージする、文字通り「身《しん》・口《く》・意《い》」三密によって人々の前に現実のものとなる、仏との呼応そのものだったのではないか。だからこそ、修法の現前に、仏による超自然的な力が発揮されたと、人々に実感させることができたのであろう。

空海による加持祈禱。さまざまの求めに応じた修法。それらは、本質的に山林修行者である空海によって駆使された、よりインド的な呪法だったのではないか。

八一七年、空海はその前年に朝廷から下賜された高野山において、密教道場の建設に入っていた。そしてみずからの思想を反映した『即身成仏義』や『声字実相《しょうじじっそう》義《ぎ》』『吽字義《うんじぎ》』などを著述し、一方では四国讃岐に満濃池《まんのういけ》の築造を果たし、庶民の子弟が学べる綜芸種智院《しゅげいしゅちいん》を創立する。

古代における宗教者が同時に総合的な文化人であり、広い分野にわたるテクノロジストであったように、空海の活動はさらに多岐にわたっていた。

友好的な関係がつづいた挙げ句に、決別することになる最澄が入寂した年の翌八二三年、空海は嵯峨天皇から東寺を勅賜され、勅命によって「教王護国寺」と名づけている。国家的な真言密教道場が、平安京の南の入口に設けられたのだ。

しかし空海にとって、還るべきところは高野山であった。山林修行に汗をかいたであろう青年期に見出した、都を遠く離れた霊山。一方には天皇をはじめ、王朝人による篤い支持と期待が交錯した平安京における活動があり、一方には人間の権力欲と、その権力欲ゆえに生まれる恐怖が渦巻く都を離れた、幽邃《ゆうすい》の地における、理想完成の日々があった。

巨杉が立ち並ぶ高野山奥の院参道。

多くの仏教思想を総括し、密教の勝れていることを説いた著書『秘蔵宝鑰《ひぞうほうやく》』の序に、空海は「生れ生れ生れ生れて生の始《はじめ》に暗く、死に死に死に死んで死の終りに冥《くら》し」と述べていた。

生き死にの空虚を見据えながら、それでもそこに永劫の生死のあることを、空海は闇の果てに見ていたのだろうか。

さらに空海は、彼の密教思想を象徴すると思われる『即身成仏義』において「いま受けているこの身体のままに仏となることができる」と語っていた。またここで空海は、諸仏ないし衆生が大曼荼羅身だという。

曼荼羅は「悟りの本質を得る」という意味をもちながら、悟りの道場・場所を意味したが、それは仏を観る観想（イメージトレーニング）によって心に映じる仏の世界であった。空海は、世界を曼荼羅のからだとしてとらえ、人間そのものも曼荼羅のからだととらえていたのである。

そしてこの世界が「地・水・火・風・空・識」の六つの構成要素（六大）によって成ると説きながら、それらは互いにひとつに融け合っているともいう。

世界が曼荼羅身であり、仏の身体ととらえた空海にとって、世界が聖なるものでないはずはない。またこの世界観が、神と人間とのあいだに断絶がある唯一神教の世界観といかにちがうかはいうまでもない。

空海はみずから、密教道場の理想を実現しようとした高野山において息を引きとるが、その以前に「吾れ永く山へ帰らん」の言葉をのこしていた。

空海にとって高野山は、山林修行者がいずれは帰るべき、ここもまた大曼荼羅身という如来の身体だったのだ。そして驚くべき多様な分野に足跡をのこした空海だが、仏教という生き方において辿り得た密教のさらなる到達点が、高野山奥の院山中における入定留身《にゅうじょうるしん》（外界のなにものにも心乱されることがない状態）という入滅であったことに、空海思想の深い秘密がかくされているように思えてならない。

釈尊による初期仏教から大乗仏教へ。さらに密教へと変容を遂げてきた仏教が目指してきた人間救済。空海は、人間ひとりひとりはもとより、世界全体が多くの問題をかかえるこの世界そのものを如来の身体としてとらえることによって、そこに即身成仏という希望を見出していたのだ。

空海は死後の安穏ではない、生きているこの世界において、人間が聖化しうるプロセスを指し示してきたのではないだろうか。

第五章

上皇・貴族の参詣と修験者たち

【一】貴族の金峯山詣で

天平年間（七二九―七四九）に渡来僧神叡《じんえい》が吉野比蘇寺において「虚空蔵求聞持法」を実践していたことからも知れるように、吉野には奈良時代のはじめから都の官寺とは別の、密教的修行をともなう活動があり、多くの私度僧が修行の場をもとめていた。

むろん天武天皇ゆかりの地に立つ、大伴旅人らの万葉歌からもうかがえるように、吉野は山水の聖性をもって人々をひきつけていた。「神さぶる　岩根こごしきみ吉

蔵王堂を中心に尾根上に広がる吉野山の門前町。後方に葛城連峰、二上山が見える。

野の　水分山を見れば悲しも」（万葉集・巻七―一一三〇）に歌われたように、吉野の山は「神々《こうごう》しいばかりに」と称えられ、信仰上からも、水源地としての日常性からも、水分神を祀る山は、大和の人々にとって憧れの地であった。

吉野水分神社はすでに大宝二年（七〇二）の記録に見えるが『延喜式』の祈雨神祭八十五座にも含まれる古社であった。水分神とは水源の水をいかに分配し、その流れをいかにつかさどるかをになう神だが、古代の祭祀祈禱においてはキーワードといえる。役小角の「孔雀経法」伝承に象徴されるように、当時、修験者にとって、水分神をいかに祈り、請雨・止雨を統御できるかが重要な課題だったのだ。

また、吉野山上に祀られる金精明神は地主神だが、金峯山の別名で知られているように、吉野には黄金が埋められているという伝承が広まり、金《かね》の御嶽《みたけ》の名で王朝人をさらに惹きつけていたのである。

そして金峯山独自の崇拝対象である金剛蔵王権現が登場するのは九世紀、平安時代のはじめだが、この忿怒をみなぎらせた青黒色の本尊は、平安末期には役小角が感得した尊格として、修験道における中心仏に位置づけられてゆく。

吉野金峯山が修験道の拠点のひとつとして修験者を集めてゆくわけだが、この地は平安時代中期には、修験道史に重要な足跡をのこすことになる多くの僧の修行の地でもあった。

真言宗の聖宝《しょうぼう》（八三二—九〇九）や、金峯山浄土の他界遍歴記である『冥途記』を著した道賢（日蔵とも）、さらに比叡山回峰行の始祖とされる相応《そうおう》（九一八年寂）、また空海が入唐前に「求聞持法」を授けられたともいわれる勤操《ごんぞう》（七五四—八二七）などの修行が伝えられ、上皇・貴族による金峯山参詣がつづく。

そして永承七年（一〇五二）から末法《まっぽう》の世に入るという説から、吉野から山上ヶ岳（一七一九メートル）をいう金峯山は、未来における救済仏弥勒の浄土兜率天《とそってん》とも受けとめられてゆくのである。

末法思想の広がりは、王朝人に未来における救済願望の意識を強め、御嶽詣《みたけもうで》の名でいわれる金峯山への参詣は、十世紀以降、急速に盛んになってゆく。そのさきがけは、昌泰《しょうたい》三年（九〇〇）と延喜五年（九〇五）と二度にわたる宇多法皇の参詣であった。

さらに、女流文学の先駆とされる『蜻蛉日記』（藤原道綱の母による）に記された、作者の夫兼家が息子道綱をともなっての御嶽詣をはじめ、寛弘四年（一〇〇七）八月の藤原道長の、またその子頼通が関白左大臣であった永承四年（一〇四九）と永承七年（一〇五二）の参詣。さらに寛治六年（一〇九二）の白河上皇の参詣など、十世紀後半から十二世紀半ばごろにかけての、貴族の御嶽詣は二十数回におよんでいる。

いずれの参詣も、金峯山に精通した修験者が案内に立ち、山上ヶ岳の金剛蔵王権現涌出岩と伝えられる聖域に築かれた経塚に、幾種類もの経典や神仏像、鏡鑑類が納められていた。

中で、「寛弘四年」という日本最古の紀年銘を持つ金銅製経筒を納めた藤原道長の参詣はその代表といえ、道長の日記『御堂関白記《みどうかんぱくき》』にこの経典埋納の経緯が明らかにされている。

道長の御嶽詣は、出発前に七十余日という長期におよぶ精進が行われ、その間に看経・写経があり、社寺への参詣があった。出発前のこれら諸々の精進が御嶽精進《みたけそうじ》といわれるもので、これは蔵王権現の神威を意識することで行われたという。また、金峯山へ向かう道中の有名社寺への奉幣、経供養、布献納なども欠かすことがなかった。

そして山上の経塚には、道長が最初に御嶽詣を思い立った長徳四年（九九八）の奥書のある法華経、無量寿経、寛弘四年の奥書のある弥勒成仏経、さらに詳細な願文を彫りこんだ金銅製経筒などが納められており、末法思想の広がりを背景にした道長の切実な思いをうかがうことができる。

むろん、道長をはじめ貴族たちの埋経、奉納には子孫繁栄や厄除をはじめ、延命長寿など、現世利益的な願望が率直にうかがえる。そして上皇・貴族の参詣に道案内をし、お伴をする高僧たちも多く、彼らは行幸に際しての功によって検校《けんぎょう》にえらばれ、多くの庄園が寄せられもした。

平安時代の末期から鎌倉時代にかけて、金峯山は多くの修験者を集めており、検校をリーダーに、実務を統括する執行《しぎょう》などのもとで教団化が進められていた。

南都教学と合わせ、真言密教を納めた聖宝は、祈雨の修法に験力があったことで知られる。近畿地方の真言系の山岳寺院の修験者たちは、彼を派祖として当山派《とうざんは》を形成し、京都の醍醐寺塔中の三宝院が主導的な立場にたって、毎年、大峯山脈を道場とする峰入り修行が制度化されてゆく。

その峰入りは、毎年初夏に行われる、峰中《ぶちゅう》の霊地に花を供える修行、さらに吉野から熊野三山へと向かう逆峰修行であった。また峰入り修行では、大峯山脈の吉野側を金剛界の峰、熊野側を胎蔵の峰とよび、この峰入り修行を成就することによって即身成仏が果たせるといわれてきた。

近世期以降、熊野から吉野へと向かう順峰があまり行われなくなり、逆峰による峰入りが主になってゆく。そして一方では興福寺との対立や、春日社領をめぐる争いなどをへて、金峯山の修験集団は武力集団としての傾向も強めてゆくのである。

南朝の拠点がおかれた吉野一山は、室町時代にかけてその山林修行は衰退してゆくが、役小角は大峯山中で七度生まれかわって修行したと伝説化されてゆき、小角は役行者として崇拝の対象となっていったのである。

【二】熊野の古代性と三山参詣

熊野の古代性は『書紀』（神代上）に見える、伊弉冉尊《いざなみのみこと》が火の神カグツチを生んだとき火傷《やけど》をして亡くなり、女神は紀伊の国熊野有馬村に葬られたとある記録からもしのぶことができる。『書紀』はここで「その土地の人々は、神の霊魂を祭るのに、花の時期には花を供えて祭り、鼓・笛・幡旗《はた》をもって、歌舞を演じて祭っている」と書きそえている。

伊弉冉尊という、日本の神々の母神ともいうべき神が葬られたそこで、花を供え、歌舞を演じたとは、墓前祭と考えられるが、それは養老四年（七二〇）に撰上された『書紀』以前の時代に行われていたことになる。

いま、三重県熊野市有馬の、海を間近かにした、地上およそ四十五メートルほどの「花の窟《いわや》」といわれる岩壁が、その女神の墓と伝えられ、毎年二月と十月の二日に「お綱かけ神事」として、まさに『書紀』に記されているような、古代をしのばせる雰囲気に満ちた墓前祭が行われている。

岩壁の下端に大きな窪みのある巨岩は、海上からも遠望できる一種のランドマークだが、この独特のかたちをもった巨岩が、現世から黄泉国《よみのくに》への入口とも観念されてきたのであろう。

また同じく『書紀』には、大己貴神《おおなむち》と力を合わせ国造りに励んできた少彦名命《すくなひこなのみこと》が、熊野の御碕から常世国へわたったという話も見える。こちらの熊野は出雲の熊野という説もあるが、いずれも熊野が黄泉国、常世国という他界への入口として位置づけられ、その伝承は山地と海との境に伸びる熊野の地形が育んだものだろう。しかも熊野は、大和の都からは、幾重もの山なみによってへだてられている。だが、熊野がもつ常緑の山の深さ、海べりの険しい道こそが修験者を惹きつけてきたのである。『霊異記』（下巻・第二）には、称徳天皇（在位七六四—七七〇）の時代に、紀伊国牟婁《むろ》郡熊野の村に、奈良興福寺の僧永興禅師がいて、海辺の人々を教え導いていたが、ここへ法華経一部と水瓶《みずがめ》をもった一人の僧がやってきたという話がある。

法華経を唱えることを行とした僧が、一年ほどのちに伊勢国へ越えてゆくと立ち去るが、それから二年ほど後に、山中で木を伐る熊野の村人が法華経を読誦する声を聞く。この声は、三年たっても聞こえ、永興禅師が見ると、麻の縄で両足を結び、岩から吊り下がった髑髏《どくろ》の舌が腐らず、法華経を唱えていたというのである。

法華経読誦の不思議な力を説く説話だが、熊野にはすでに奈良時代にこうした海べりの険しい辺路《へじ》や山中に修行する行者のいたことを示す伝承であろう。同じような説話は吉野の金峯山を行場としても伝えられていた。記紀神話の世界に仏教が広まっていたのである。そしてこうした行者が、熊野修験の源流にあり、平安時代に

伊邪那美命の葬地と伝えられる花の窟（熊野市）。高さ約四十五メートルの岩山が熊野の海を前にそそり立つ。

おける、より明確な神仏習合現象を生みだしてゆく。

こんにち熊野三山の名でよばれるそれぞれは、元来別々の発祥と信仰をもっていた。熊野本宮の祭神家津御子神《けつみこかみ》は樹木の神といわれるが、この神は奈良時代には牟須美（結）神とよばれており、豊かな生殖力、産出する力を象徴していたのである。

本宮は明治二十二年の大洪水で社殿が流されるまで、熊野川と音無川と岩田川が合流する地にあった。川を聖視し、その川が合流する地を特別の聖地・神域とする観念は北インドの聖地アラーハーバードなどとも共通するが、本宮は川がもつ生命を生みだす力が重なる地を神域としていたのだ。

この本宮の祭神が平安時代には熊野坐神《くまのにいますかみ》とか家津御子神とよばれるようになるが、いまでは牟須美神（夫須美神とも）を祭神とする那智は、平安時代の中期まで新宮によって統括されており、『延喜式』神名帳（九二七年完成）などにも本宮、新宮だけが記載され、那智の名は見えない。そして新宮、つまり熊野速玉大社の速玉神は、玉のように光る生命力を象徴するという。三山の神がいずれも樹木や水の流れといった、生命を生みだす力を象徴していることに気づくだろう。

また十一世紀の『扶桑略記』に那智が登場することから、この頃に熊野三山が成

熊野本宮大社社殿、
中央がかつての証誠殿にあたる。

立したと考えられる。熊野三山、熊野三所権現の名でいわれるこうした呼称は、神仏習合がより明確にかたちを整えてきたことを示すもので、のちに三山はそれぞれ同じ神を相互に祀り合い、社殿構成までほとんど同じ様式をとることになる。

なお三山のうち那智には、落差一三三メートルの大滝があることであまりに有名だが、おそらく那智滝への信仰は、その近在に人が住みはじめて以来の古代にさかのぼることができるだろう。

のちに大滝にいたる参道沿いに、十二世紀から十六世紀にかけて多くの経塚が築かれ、そこから飛鳥・奈良時代の観音像や密教の諸尊、大壇具等々が出土していた。このことからも大滝を神、あるいは神の依り代ととらえる原始信仰に、いかに仏教が融合を迫っていたかが知れるのである。滝は宇宙軸として、密教によって大日如来の化現《けげん》ともとらえられたのだ。

平安時代、この大滝を現世と他界を分ける存在としてとらえ、滝の間近か、あるいは滝上の山中に籠山行をいとなむ「滝籠衆」がいた。伝説的にいわれる花山《かざん》法皇の千日籠り、あるいは文覚《もんがく》上人の生死の境を行じたかにいわれる籠山行が、修験道の象徴的な行であることはいうまでもない。

さらに那智の海には、伊勢のあたりから紀伊半島を南下する海沿いに伝承される常世国という、南の海の彼方の理想郷がイメージされていた。平安時代にはじまる補陀落渡海《ふだらくとかい》という、観音の浄土へ渡ろうとする願望を導いたのも、古代に生まれた常世国への憧れと連動しよう。

また那智の奥の院とされる妙法山（七四九メートル）は、死者の霊魂が鎮もるところともいわれ、平安時代の説話集『本朝法華験記』（一〇四〇—一〇四四年の作とされる）には「奈智山の応照法師」として、法華経読誦の行者が精進の果てに、みずからの身心を仏に焼身供養したという凄絶な話がのっている。妙法山の山中には、木立に囲まれた一角にその跡がのこされ、低い石積みで示したそれは、千年前の修験者の祈りを伝えている。

那智におけるこうした伝承から、この地を死の国というイメージでとらえがちだが、那智の死の伝承にはつねに蘇りとセットになった観念がこめられている。単なる死ではない。

まず滝籠衆の行は、滝という境界の奥、他界で行を重ねることによって心身の浄化が深まり、それは同時に蘇りの心身として現世にかえることを示唆していた。補陀落渡海も観音の浄土への蘇りであり、渡海僧の死を賭した行によって、現世に幸がもたらされる利他《りた》の行であったのだ。

さらに新宮市の西端にある台地状の権現山には、その南端の一角にゴトビキ岩の名でいわれる巨岩が、常緑の樹林中に巨大なコブのような形で見える。ゴトビキはヒキガエルの意味をもつが、小さな社殿がヒキガエルを思わせるこの巨岩を捧げもつようなかたちで設けられている。

熊野権現降臨の根本聖地と伝承される、原始祭祀の聖域がここで、神倉山《かんのくらやま》ともよばれる山上付近からは弥生時代（およそ二千年余前）にさかのぼりうる祭祀遺物が出土している。『書紀』の「神武天皇紀」が記す、「熊野神邑《みわのむら》」に近い天磐盾《あまのいわたて》はこの地といわれる。この古代祭祀の磐境《いわさか》であるゴトビキ岩は、むろん海にはたらく人々にとってのランドマークであり、彼らにとって航海安全と豊漁を祈念する聖地であっただろう。

修験道はつねにこうした古代性に根ざした聖域において、異なる宗教の融合を促してきた。

神倉山のゴトビキ岩付近の三ヵ所をはじめ、総計十一ヵ所に新宮経塚群が確認さ

妙法山阿弥陀寺山内、応照法師焼身供養の跡。

れているが、そこからは平安時代後期のものと推定される経筒や、新宮速玉大社の本地仏である薬師如来、神倉山の本地仏である愛染明王などの懸仏《かけぼとけ》が出土している。

神仏習合の時代、新宮における修験道の根本道場であったのが神倉山で、神倉《かんのくら》聖《ひじり》あるいは神倉天狗とよばれた修験者たちが、平安時代後期ごろからこの山を行場として、千日行などの籠山行を実践していたのである。そして、大峯や葛城の峰々にも修行を重ね、熊野にも精通した修験者が、平安時代後期から盛り上がる上皇・貴族たちの熊野詣の先達《せんだち》をつとめることになる。

そんな中で、寛治四年(一〇九〇)一月の、白河上皇による一回目の熊野御幸《ごこう》があった。このとき、三井寺(園城寺)の増誉《ぞうよ》が先達をつとめ、その功によって熊野三山の検校職《けんぎょうしき》に補任《ぶにん》され、洛東に聖護院を賜る。

熊野三山の検校職という、三山を統括する地位が、園城寺聖護院に与えられたことによって、三山の統制は熊野別当にゆだねられることになる。むろん熊野は、この三山検校職補任によって、王朝の寺社統制の下におかれることになるのである。そして園城寺聖護院門跡が代々、熊野三山検校の地位を継承しながら、次第に地方の熊野系山伏をその支配下にたばねる動きが強まってゆく。

十五世紀後半以降、聖護院門跡を熊野山伏の統轄者とする、天台系の修験道本山派の教団化が進められてゆくのである。

熊野は本宮に阿弥陀如来、新宮に薬師如来、那智に千手観音が本地仏として奉安されると、末法思想も追い風となって、平安末期から鎌倉時代にかけ、三山をめぐる熊野詣は、上皇・貴族にとって年中行事化してゆく。

とりわけ来世の浄土往生を保証する、阿弥陀如来を奉安する本宮は、誰もが目指す生死を賭した最大の目的地だった。

現世・来世の安穏を願う、修行といっていいこの大がかりなイベントに、修験者が案内に立ったことはいうまでもない。

金峯山復興と入山修行の伝承をもつ聖宝を派祖とする、真言密教系の当山派は、修験道界を本山派と二分していた。教団化という動きは、修験道がかつて古代の辺路《へじ》修行や山中における法華経読誦の行などを実践していた個の行ではなく、集団で峰入りをする修行形態に大きく変わってきたことを示していよう。

そして集団化、教団化することによって、修験道特有の儀礼中心の宗教がさらに確立してゆくのである。また、もともと特定の教祖があって、その教祖の教えにもとづいてはじまる創唱宗教とは異なる修験道は、奈良時代から、傑出した密教的宗教者として伝承を強めてゆく役小角を、修験者・山伏が理想とする修行者として崇拝の対象とし、役行者としてその神格化を強めてゆくのである。

【三】役行者伝承と地方山伏の活躍

あらためて役行者伝承の原点に立つなら、役小角は『続紀』に見える記録に限ってとらえるかぎり、必ずしも仏教者とは断定しがたい。

「葛木山に住み、呪術をよく使うので有名であった」という人物評。そして、「妖術で人を惑わしている」という噂。ここに小角その人が呪術的宗教者であったことは明らかにされている。ところが、この小角が『霊異記』『今昔物語』等々の説話によって、密教的な仏教、道教、神仙思想等々を体現した超人的な修験者に変容してゆくのである。すなわち役小角の宗教者像は、彼が伊豆嶋へ配流となったことによって、一度ご破算になったのだ。

したがって役小角、いや役行者とは何者なのかという問いは、彼にまつわる多くの説話・伝承とともに、修験道という宗教の、個の行《ぎょう》から集団の行への変化の中で問われなくてはならない。修験道にとってなぜ役小角は、その原点に位置づけられるほどに重要なのかという問いを。

さらに役小角の神格化は、必ずしも教団化の中で生まれたのでなく、それは『続紀』をもとにつぎつぎと伝承化していった多くの説話編者そのものが、小角という行者を、時代の理想的な宗教者に位置づけようとした、その篤い思いの中に育まれてきたのではないのだろうか。

たとえばゴータマ・ブッダの伝承がそうであるように、その神格化は、ゴータマ・ブッダという宗教者の勝れた原型がなければはじまらない。さまざまの思想の主張があった紀元前五、四世紀のインドにおいて、人々を導く並はずれた人間観と徳を合わせもつ力がなければ、のちの神格化されたブッダは生まれないだろう。

そして日本の宗教史上において、人々を導いた多くの宗教者にまつわる伝承がそうであるように、その人の実像は必ずしも公的な情報にだけ正しく伝わっているわけではない。説話・伝承に記録され、語り継がれてゆくその意味に、実は真実の情報が隠されているかもしれないのだ。

中世から近世初期にかけて、全国各地の修験者が天台系の本山派か、真言系の当山派に系列化され、かつて私度僧が修行の場としていたような日本各地の山岳霊場は、この大きなネットワークの中に組み込まれて行く。それは在地の山伏にとっても、本山からの位階を受けることによって、地方を統括する力ともなったからである。

むろん、のちに修験道界の流派・別派は、勝れた験力と指導力をもった修験者の登場によって多様をきわめるが、日本各地の名だたる霊山にはさまざまなかたちで役行者が伝承化されてゆくのである。

室町時代に著されたと思われる、最初の開祖伝となる『役行者本記《ほんぎ》』には、役小角の誕生からその生涯が年代順に明記されているが、ここには小角が巡歴した各地の霊山、小角の開基になる寺々が記されている。

小角の修行にゆかりの深い葛城・吉野のあたりはむろんのこと、その足跡は熊野三山から近畿地方の霊峰、北陸・中部・関東・東北地方、さらに四国・九州の霊山へと延び、およそ百ヵ所におよんでいる。

こんにち、日本の代表的な山岳霊場はことごとく小角の巡歴にふくまれるが、それは、この開祖伝が著されたであろう室町時代の、地方霊場を拠点とした修験道復興という時代背景をうかがわせる。

南北に王朝が起ち、一方の南朝が後醍醐天皇によって吉野に行宮《あんぐう》（かりみや）を設けたのは、吉野一山の山伏はむろんのこと、葛城山系の修験者たちの協力なくしてはありえなかったであろう。複雑な地形はもとより、山のすべてを知りつくした山伏の行動力と彼らのネットワークが、南北朝の内乱を左右したともいえるのではないか。

そして、長引く内乱によって、金峯山を拠点に大峯山脈を行場とする峰入り修行が難しくなったとき、全国に根づいた修験者の活動が独自の峰入り修行を実践し、そこに役行者のさまざまな伝承が顕在化されてゆく。

東北の出羽三山は、崇峻《すしゅん》天皇（在位五八七―五九二）の一子蜂子皇子《はちこのおうじ》を開山者とし、役行者を中興に位置づけているが、この羽黒修験は中世から近世にかけて、他の東北各地の修験を圧倒する勢力を持っていた。また関東の日光男体山は、奈良時代の勝道上人開山を伝えているが、室町時代には寺院・僧坊が五百を超えたといわれるほど隆盛を誇っていた。

さらに木曽の御嶽山《おんたけさん》（三〇六七メートル）は、濃尾平野に聳える王の嶽とよばれ、水分神の鎮もる山として古くから崇拝されていた。室町時代にいたってこの山麓に金峯山の蔵王権現が勧請され、王御嶽《おうのみたけ》蔵王権現を祀る修験の霊山となり、このとき御嶽を「おんたけ」とよぶようになったという。

富士山・立山と並んで日本三名山に数えられる白山（二七〇二メートル）は、七一七年の泰澄による開山で知られている。加賀・越前・美濃それぞれに登山口をもち、独自に活動を行っていた北陸屈指の霊山は、南北朝時代に最盛期をむかえ、六千坊の勢力を誇った。そして金峯山修験・出羽三山修験と並ぶ三大修験に数えられる九州の英彦山《ひこさん》（一二〇〇メートル）は、役小角が最晩年の入唐前に、母を背負って登った山と伝えられるが、この霊山も室町時代に組織化がなされ、儀礼をととのえ、九州全体の修験勢力を統括する勢いをもっていた。

むろん、役小角が伊豆嶋に配流の間、夜、富士山（三七七六メートル）に登り修行したと伝説的にいわれる日本一の高峰は、平安時代後期の末代《まつだい》上人を開基とするが、上人は山頂に大日寺を建立し、富士修験の基礎をつくっていた。江戸時代、荒行で知られる角行《かくぎょう》の出現によって、江戸八百八講といわれる富士講の隆盛が導かれてゆく。

中世は全国各地の霊山で修行し、村々を行脚し、求められるままに呪術的な修法を駆使した宗教活動を行う山伏が多く、彼らによって修験道独自の医薬や芸能が伝えられ、根づいていったのである。

早池峰《はやちね》山麓に伝わる山伏神楽や、各地にのこる山伏狂言、白山の美濃（岐阜県）側に位置する美濃長滝の白山神社（神仏分離以前、広大な寺領をもった中宮長滝寺）や、平泉の毛越寺《もうつうじ》などに伝わる「延年《えんねん》」等々、長く地方独特の民俗芸能として伝承されたものの多くは、地方に活動の場を広げた山伏たちの遺産でもあった。

そんな中で、独特のナタ彫り仏でいまも根強い人気がある円空仏がある。北海道洞爺湖観音堂の観音菩薩像背面には「伊吹山平等岩僧内　円空」とあり、「寛文六年丙午七月廿八日」と年（一六六六年）月日まで刻み込まれていることで知れるように、円空はれっきとした修験者であった。

彼は富士山や白山などで修行し、その験力の勝れていたことでも知られるが、円空は雨乞いを修法するため、村人の願いを受け、龍王像も彫像している。地方に活躍した修験者たちは、干魃や疫病流行で悩む村人の依頼によって加持祈禱をし、そこにより現世利益的な宗教活動を展開していたのである。

円空と同じく回国遊行をしながら独特の微笑仏《みしょうぶつ》をのこした木喰行道《もくじきぎょうどう》なども、その千体仏彫像は彼にとって修行の証しでもあった。

こうした回国遊行の修験者は、諸国の村々、城下町などをめぐりながら、加持祈禱を行うと同時に、山伏の世界で工夫され練りあげられてきた陀羅尼助や奇応丸、百草丸といった自然薬を人々に施し、治病行為をしながら布施を得る者も多かった。むろん、五穀豊穣・除災招福を祈り、祈禱札を配布することも、地方山伏の重要な活動のひとつだった。情報も医薬の普及も限られていた時代に、山伏が村々に迎えられていたのである。そしてこれが、日本に根強い霊山・霊場信仰、民間信仰の背景でもあるのだ。

山伏の活動が広がる中で、定住する里山伏も増え、やがて民衆の講登山《こうとざん》を盛り上げていくことになる。信仰と心身の鍛練、その上レジャーを兼ねた霊山登拝は、十五歳前後の男子の、成人式にも等しい通過儀礼の役も果たしていたのである。

江戸時代の中期には、講組織はその信仰圏も地域を超えて拡がり、出羽三山など

立山連峰を映す「みくりが池」。

は関東・房総方面におよんで講組織があり、富士山・立山・白山、そして大峯山などの信仰圏も全国におよんでいた。

文化年間（一八〇四―一八一八）における出羽三山の登拝者は、年間一万七千人におよび、その講中の規模は百人講から五百人講、千人講まであったという。また、江戸市中のほとんどのところから富士山が望めた江戸時代、富士講は八百八講といわれるくらいに隆盛をきわめ、信者七万人を数えたといわれている。

欧米とくらべ、多くの一般庶民が二千メートル、三千メートル級の高山にグループで登るという光景は異様だったらしく、『日本アルプスの登山と探検』を著したイギリス人宣教師ウォルター・ウェストン（一八六一―一九四〇）は、これを「東洋の山岳クラブ」とよんだ。

信仰として、娯楽として、あるいは薬草採取のために、さらに地誌研究のために山に登るという多様性に富んだ登山が、全国各地で行われていたのは、当時の世界では他に例がないともいわれる。

これもまた、修験道の歴史が生んだ山の文化であろう。

第六章

〝火の祭り〟と修験道

いまも各地の祭礼で、屋外の広場に井桁《いげた》に組み上げた丸太の上にヒバの葉などを高く積み上げ護摩《ごま》壇をきずき、山伏が燃えさかる火を前に修法をいとなむ光景を目にすることは珍しいことではない。

採《さい》（柴）燈《とう》護摩とよばれる修験道独特の護摩は、そこに多くの神仏を勧請し、その合力によって厄除けやさまざまの祈願成就を祈って修法される。

古来、修験道は浄火を生みだし、この火を管理するところに重要な役を担っていた。火をいかに管理し、統御し、修法によってそこに神仏の力を実感させることができるかに、修験者の修行の積み重ねが問われてきたともいえる。

それは修験者によって修法される火によって祈願の旨が神仏にとどけられ、ときに護摩火によって大地の霊を鎮め、亡き祖先の霊魂を供養するという、この世と不可知の世界を結ぶ役を果たしてきたからである。

そして火が、人間と不可知の世界（神々）を仲介する役を果たしていたことは、多くの文明圏の伝承に見ることができる。

アイヌの人々にとって多くの神（カムイ）のなかで、火の神（アペ・フチ・カムイ＝火のおばあさんの神）はもっとも身近なカムイだった。火の神はアイヌの始祖神であり、人間の願いを即座に伝えてくれる神だったのだ。

また古代インドのヴェーダの宗教（紀元前一二〇〇年以降）において、火の神アグニは人と神との仲介者であり、崇拝者に恩恵を与え、守護神の役も備えていた。

こうした火にたいする親しみと畏怖の念には、自然が持つ偉大な力への共通の眼差しがうかがえる。縄文人の自然観をその根に持つと思われる修験道が、一貫して火を重視し、聖視するのも、ここにその宗教観の出発があるからだろう。

ここで神仏習合の時代以来、修験道世界に伝わる、火がキーワードともいえる祭りをいくつか探ってみよう。

【一】羽黒山の松例祭――厳冬の夜のドラマ

例年、十二月三十一日の午後から元日の早暁にかけて行われる〈松例祭〉は、雪中のけんか祭りといわれるくらい激しい男の祭りとして知られている。

出羽三山の一峰羽黒の山上でくりひろげられる祭りは、百日間の籠もりの行《ぎょう》を重ねてきた二人の修験者が修めたその験《しるし》を公開して見せる「験競《げんくら》べ」だが、ここでは修験者によって打ちだされる聖なる火が重要な意味を持っていた。

松聖《まつひじり》とよばれる選ばれた二人の行者は、その年の九月二十四日から精進潔斎に入っていた。はじめの五十日間を、自宅の一角に設けた行場において、家族とは別の火でしつらえた精進食を摂りながら祈りの行をつづけ、後半の五十日間を出羽三山神社の斎館《さいかん》に籠もり、いくつものタブーを守りながら、勤行を重ねてきたのである。

髪もヒゲも伸びるにまかせた位上《いじょう》・先途《せんど》とよばれる二人の松聖は、日夜、興屋《こうや》聖《ひじり》の名がある、かつての農作業用の田小屋を模した、高さ二十センチ余のワラ細工にも似たそこに向かって祈りをこめていた。扉の開かれた間口六、七センチのその奥に鏡がおかれていることから、そこに神が祀られていることがわかる。さらにそこには、これもまたミニチュアのクワとカマが立てかけられ、屋根には赤と白の水引きがかけられているのである。

この、まるで雪国の民芸品にも似たつくりの神棚の前にはお神酒やコンブ、野菜、果物、塩などが供えられているのだが、実は興屋聖には米やアワ、ヒエ、大豆にソバなど五穀が納められていた。興屋聖は穀霊を育む霊威の装置だったのだ。しかもそこに赤と白の水引きがかけられていることから、豊穣を期待した予祝《よしゅく》の思いがこめられていたのである。

出羽三山を開いた能除仙《のうじょせん》（蜂子皇子《はちこのおうじ》）が、山中の小屋に籠もり修行中に、村人に五穀の栽培を教えたことが、興屋聖に五穀を供え、祈願の対象としたはじまりだという。その五穀の、いわば穀霊は日夜、修行を重ねる二人の松聖に験力がそなわって行くのと同時に、豊穣へと向かっていたのである。

羽黒山修験道に、四季の峰と称し代々伝えられてきた、年に四度の入峰修行。行者が山中に籠もり、霊力を身につけようとする入峰修行のなかで、冬峰修行の結願《けちがん》の行事であった松例祭。明治以前には精霊祭の文字でよばれていたという。

松聖が百日間祈念をこらす興屋聖（羽黒山斎館）。

そこでは神仏習合の祈り、修法が発揮され、般若心経が唱えられ、観音経や修験道特有の三条錫杖《しゃくじょう》、諸真言が唱えられていた。しかし明治はじめの神仏分離と同時にまき起こった排仏棄釈（出羽三山は特にこの混乱が激しかった）をへて、松聖による儀礼なども、たとえば読経は三語・三山拝詞・三山祝辞などを唱える神道儀礼に変わり、そこに如来・菩薩・明王・諸天が観念されることはなくなっていた。

二人の松聖が毎朝、山内に祀られた十三の末社に参るときに唱えられるのも祝詞であり、参籠の部屋にかかげられているのは出羽大神・月山大神・湯殿山大神を列記した掛軸であった。

また本来、興屋聖とともに祀られたのは、羽黒山中の常火堂で鑽《き》りだされる聖なる火であったのだ。入峰修行はもとより、三山における儀礼の核には、つねに開山者にゆかりの常火堂の聖なる火（浄火）が重要な意味を果たしてきたのである。

そして冬峰修行の松聖の参籠には「天下泰平・国家安穏・五穀豊穣・大漁満足」が祈念される。この祈りの行が結願しようとする十二月三十一日の夜、神社境内の降り積もった新しい雪を踏みしめ行われるのは、豊穣の大敵である巨大なツツガ虫（それがワラ綱でつくられている）を、法螺貝を合図に、上半身裸体の男たちが競って焼き払う、まさに修験道の行事にふさわしい、野性的な儀礼であった。

このとき、ツツガ虫は害虫を象徴しながら、強大な力を持つことから、最初につくられたワラ綱は意図的に切断され、昼間、参詣者に向かって撒かれる。このワラ綱が魔除け、火防の守りとして信じられてきたことから、男たちがそれを力ずくで奪い合う。けんか祭りのよび名はここにあったのだ。そして新たにつくられたワラ綱のツツガ虫に、位上・先途双方の代表によって火がつけられ、雪上に火柱をあげながら引きたてられてゆくのである。

ここでは位上・先途のいずれが早く大松明となったツツガ虫に点火することができたか、燃えさかる火の勢いはどちらが激しいかが競われる。それは位上が勝てば豊作が、先途が勝てば大漁が約束されるというように、どちらもめでたい結果を導くのだが、ここには海に近く、穀倉地帯の広がる庄内地方に生きてきた修験道儀礼の逞しい知恵が発揮されているのである。

しかも雪上ではこのあと、松聖を象徴すると思われる、トリックスターともいうべき二人の松撃役《まつうち》が、火打石と火打金を用いることによって、競うように火薬の入った火皿に火が鑽りだされ、三メートル余の鏡松明に点火される儀礼がつづく。

顔一面を白く塗り、口や頬に紅をさし、白装束の肩に赤い布をかけ、どこか猿か動物の化身にも見える松撃によって競われるのだ。かつて常火堂で鑽りだされたと同様の浄火が、人と神とのあいだに立つかに見えるトリックスターによって生みだされるのである。これが松例祭のクライマックスともいうべき〈火の打ち替え〉であった。巨大な松明を聖なる火をもって焼き尽くすことが、すべての災害の除去につながっていたのである。そしてこの火のドラマと並行して、屋内では別の験力の競い合いが行われていた。

そこだけが明るい社殿において、〈験競べ〉が若い山伏によって披露されていたのだ。鳥とびなど、さまざまの所作を見せるそれは、雪の夜の夢幻劇のようでもある。時折聞こえる激しい気合いを間近かに、降りしきる雪の中に、聖なる山の浄火を燃え上がらせた松明の名ごりが、人々の顔を照らしだしている。

【二】熊野新宮・神倉神社の御灯祭り

唐の天台山から飛来した熊野権現降臨の地と伝承される神倉山《かんのくらやま》を舞台に行われ

火の打ち替え、羽黒山の松例祭。

神倉山の御灯祭り。

る、二月六日夜の〈御灯祭り《おとう》〉は、山上から山下へと激しく流れる夥しい数の松明のうねりに象徴される男の祭りである。

すでに一週間前から精進潔斎を重ねてきた氏子が、白襦袢に白の鉢巻、手甲脚絆と白ずくめの装束で、腰に荒縄を巻き、熊野速玉《はやたま》大社、阿須賀《あすか》社に参り、神倉山へと集まって来る。

「上《あが》り子」とよばれる彼らは、手に手に松明を持ち、かつて修験道の入峰修行の折に見られた鉞《まさかり》を持った、白狩衣に烏帽子・白足袋に草鞋姿の神職につづく。

神社の祭りとはいえ、こうした風情には神仏習合の修験道時代の名ごりがうかがえ、かつて神倉聖《かんのくらひじり》とよばれた修験者の籠山修行における緊迫感がしのばれるのである。

神武東征の折、高倉下命《たかくらじのみこと》が松明を持って一行を迎えたという故事にちなむのが御灯祭りの起源ともいうが、祭りは修験の道場であった神倉山において行われてきた。

山上の社殿におおいかぶさるように見えるゴトビキ岩の脇で浄火がおこされ、「上り子」たちの手に持つ松明ひとつひとつに火が移されると、狭い夜の山上は一面、火の海となる。ここで「上り子」たちは、聖なる火によって清められ、浄化されているのだ。

そしてこのあたりでは、十五、六歳までの間に、一度は神倉山へ登らなければ一人前の男とは見なされない慣わしがあり、御灯祭りへの参加が一種の通過儀礼になっていた。大人と同じく白装束を身につけた「初上り」といわれる子供の姿を何人も見かける。

だがなぜ「初上り」の対象が神倉山なのか。

それにはまず、権現山あるいは千穂ヶ峰とよばれる、この丘陵の東南端に位置するゴトビキ岩が神の依り代として、古代における信仰の対象であったことが考えられるだろう。

むろん神武東征に際し、皇軍が危機を脱し、再び進軍のチャンスを得たそのゆかりの地という伝承も、熊野権現降臨の地という伝承も見逃せない。しかし神倉山のより確実な歴史的な重要性は、ゴトビキ岩を中心とする、古代における農・漁業両面にわたる豊穣・豊漁を祈る祭祀儀礼にあったはずだ。

この古代性に根ざした原始祭祀の地に、修験道は修行の地を求めたのである。さらに山上の巨岩近くで打ちだされた浄火は、その昔、海からの目じるし、すなわち灯台の役目をも果たしてきたのではないだろうか。

御灯祭りの夜、神倉山の乱れ石積みの参道が一面、男たちがかかげる聖なる火を受けた松明でおおわれるのは、聖火の流れくだる先の道こそが、熊野権現の降臨と山下への垂迹の道を示唆しているのであろう。

松明を手に、参道を駈けくだった「上り子」たちは、その浄火を各自の家に持ち帰り、神棚に移すのが長年の慣わしだったという。新年における「火の更新」を意味する御灯祭りが、「初上り」の少年の通過儀礼に課せられてきたのは、神倉山山上の浄火を受け継ぐことが、壮大な熊野の神の歴史の継承を意味していたからにほかならない。

神倉地区の青年会のメンバーによって搗《つ》かれた餅が神への供物となることも含め、新しい年の寒夜に、浄火が「下り竜」とよばれる光の帯を現出することは、まさに豊穣・豊漁への予祝であろう。

神仏習合の時代、この聖なる火が修験者によって鑽《き》り出されてきたことはいうまでもない。

【三】熊野那智の火祭り——森と滝と神々

熊野那智大社の扇祭りは、そのかたちも特異な、ながい板状の扇神輿と五十余キロの重さがある大松明との激しい触れ合いもあって、ひときわ鮮やかな祭りである。火祭りともよばれるこれが、夏の盛りの七月十四日に行われることから、当日、大滝に向かう緑濃い参道は、扇神輿の朱の色と松明の火炎が聖なるエロティシズムを現出するように幾重にも交錯し、文字通り熱気につつまれたそこに古代の祭祀を映しだす。

しかも祭りの序章はその前夜、那智大社境内の能舞台において、田楽舞、大和舞、沙庭《さにわ》舞などが演じられる宵宮《よいみや》祭りにはじまっていた。

男女八人の稚児による大和舞が、素朴な仕草のなかに雅びな雰囲気を生み、さらに那智山内の出身者によって演じられるという田楽・田植舞には、豊穣への祈りがこめられた素朴な力強さがあり、夜の更けるのも忘れさせる。

そして祭り当日の朝、大社の礼殿前広場に立てかけられた扇神輿には、朱色の長短を組み合わせた板状の本体表面に、計八つの日の丸の扇がとりつけられていた。

その先端には、放射する太陽光を思わせる、円形に組み合わせた扇が見え、もっとも下端には日の丸を描いた小振りの六つの扇を組み合わせ円形にした扇がとりつけられ、さらに下端には若緑色の鋭い葉が目立つ、ヒオウギという生花が飾りつけられている。そのいずれの扇の要にも丸い鏡が見える。

それは「幸《さち》」を招き「悪」を祓う霊験のある扇といわれている。「霊験のある扇」と呟きながら私は『とはずがたり』(後深草院二条作・十四世紀はじめ)で、那智に参籠し、写経の日をおくる後深草院二条の夢想のひとときを思い起こしていた。如意輪堂のそばで彼女は、檜《ひ》の骨の白い扇を見つけるのだが、このことについて御山の師は彼女に「扇は千手観音の御体というようである。きっと権現のご利生があるであろう」というのである。扇は呪的な存在として受けとめられていたのだ。

那智で扇神輿は、滝の姿を表したものといわれているが、滝は大日如来とも千手観音とも観念されることがある。またこのとき、五本の骨で支えた大きな「馬扇」一張もつくられる。

立てれば「扇指し《おうぎさ》」とよばれる、神輿をかつぐ男衆の背丈の三倍の高さになるだろうか。この同じかたちの扇神輿が十二体、宮司をはじめとする神職ともども、

那智の扇祭り（火祭り）。

大滝を前に立てかけられた扇神輿、熊野十二所権現を体現する。

主神夫須美神《ふすみのかみ》に向かって大前の儀を執り行い、いよいよ祭りの本番に入る。

扇神輿は昔から那智山麓の市野々《いちのの》の人々によってかつがれる慣わしになっているが、「扇指し」である彼らは、紺地に竜（蛇）を描いた「じゃの着物」を着て、頭に白はちまきをする。滝を表徴する扇神輿をかつぐ人々が、水を象徴する竜（蛇）をまとうことになるのだ。

十二体の扇神輿はいうまでもなく、平安時代以来の本宮・新宮・那智の神々をいう熊野三所権現をはじめとする、若宮や禅師宮《ぜんじぐう》・聖宮《ひじりのみや》等々の熊野十二所権現を体現しているのだろう。

昼の能舞台で、前夜と同じ演目の舞いが行われ、当日午後、那智大社社殿の前庭に勢揃いした一同は「ザーザーホー」のかけ声とともに、旧参道をたどり、いよいよ大滝へと向かう。そして行列は、鑽火《きりび》から移された火のついた「使《つかい》の松」とよばれる松明を持った「子《ね》の使」につづき、大松明十二本、馬扇一基、扇神輿十二体に宮司以下の神職がつづくのである。「子の使」とは飛瀧権現の使いであろう。

総勢六十余名の一行は、途中、山中の「伏し拝み」とよばれる聖所で「扇立て」という儀式を行うが、いよいよ大滝を視界に入れた参道に入ると、祭りに集まった数千人の参詣者からのどよめきが樹林をゆるがす。

祭りは飛瀧神社参道から滝本にかけてのクライマックスに入るが、ここでは烏をかたどった八咫《やた》烏帽《がらすぼう》をかぶった権宮司《ごんぐうじ》がキーマンとなって〈火祭り〉が展開してゆくことになる。

飛瀧神社鳥居下に参集した松明役のうち二名に、権宮司から神社境内の炉の火を移した松明が手渡され「一の使い」「二の使い」「三の使い」として、まだ石段上に待機する扇神輿に向かうのだが、彼らはまず「子の使い」に出会う。

さらに滝前において八咫烏帽の権宮司による光ヶ峯遥拝石に向かっての神事が行われるのだが、それは松明を光ヶ峯に向かって呪的に振る拝礼である。

すでに巨杉にかこまれた石段を、大松明が火炎を噴き上げながら、十二体の扇神輿を囲むように、また廻るように交錯しながら下ってくる。緑濃い樹林が、神々の激しい交合の世界にも見えてくるのだ。

大松明がまず「馬の扇」をおおうようにして火をかざすが、そこへ「水かけ役」によって水がかけられる。ここに火と水の結合があるのだ。これは「馬の扇」の馬が実は午《うま》であって、水は陰陽五行説による陰（女）の北の子方《ねのかた》が水の位であることから、午方《うまのかた》の陽（男）である火との結合とも考えられるからである。

飛瀧神社におけるご神体の大滝は、北の子方に位置する水の位なのだ。だからこそ、陽である火を激しく導くのである。この神々の激しい交合によって、豊穣への予祝が明らかとなるのであろう。

白装束の男たちによってかつがれた大松明が、半ば円を描くようにして扇神輿をその激しい炎であぶる。そこで「扇の前」役の男が日の丸の扇を持って「ハリヤハリヤ」と、それを煽るようにしてかけ声をかける。

そして最後に、右手に「打松」とよぶ檜でつくられた扇を持った権宮司によって、空中にこれもまた呪的な所作によって文字が描かれ、一体一体の扇神輿の下端の鏡を打つ所作が行われる。この「扇褒《ほ》めの儀式」を終えることによって、すべての扇神輿が、大滝を背にした斎場に立てかけられてゆくのである。

ここで、滝本の広場において田刈舞、那瀑《なばく》舞が舞われ、神事を終えるのだが、ここにはすでに豊穣の実現が示唆されている。

祭りは、人々が火炎による白日夢のようなドラマに目を見張った、その感動の余韻も冷めやらぬ参道を、神職に守られた扇神輿が本社に還御し、礼殿内において還御奉告祭を行い、終了となる。

神仏習合時代に成立した十二所権現が本社の森に還《かえ》ってきたのだ。そしてこの伝統ある火祭りも、八咫烏帽をかぶった、まさにかつての修験者を思わせる権宮司の差配によって展開することを見逃してはならない。

神武天皇一行の道案内をしたと神話にある八咫烏だが、熊野に限らず烏は古来、神使として、また現世と他界を去来するものとして観念されてきた。神仏習合の時代に八咫烏帽は、滝本執行や千日行者などがかぶったものという。

この権宮司によって、扇神輿を迎える使いの松明が派遣されるのである。聖なる火の操作が、八咫烏帽の権宮司によってなされたのだ。

さらに権宮司によって、神の山である光ヶ峯への遥拝が行われ、呪的な文字(〝神〟ともいわれる)が空中に描かれ、扇神輿の鏡を打つことによって、神の付着(憑依《ひょうい》)ともいうべき所作がなされたのである。

むろん火は、修験道の活動以前の古代にさかのぼる宗教的儀礼において重要な意味を持ってきたにちがいない。だが、火は修験道という多様な宗教の融合とそこに生まれた密教的修法のなかで、より具体的に聖性を帯びて顕在化し、神仏と人間とのあいだにあってその精神的な仲介を果たす役をになってきたのだ。

修験道の活動にゆかりの霊山に独特の火祭りが伝承されてきたのは、そこに日本人の火にたいする親しくも限りない畏敬の念が生きていたからではないだろうか。

第七章

修験道と情報化社会

役行者の伝承からもうかがえるように、日本では奈良時代以前から山を修行の道場として、そこに籠もり、山林を抖擻《とそう》する宗教的ないとなみがあった。

しかし山は神々の鎮もるところとして、ながいあいだ遥拝の対象であった。それは万葉歌人・大伴家持（七一八?―七八五）が、越中守《えっちゅうのかみ》として奈良の都を離れ、北陸へ下ってきた天平勝宝三年（七五一）の翌年に詠んだ「立山ノ賦《ふ》」と題された長歌によってもうかがうことができる。

たち山に　降りおける雪を　常夏に

見れどもあかず　神《かむ》からならし（万葉集巻一七―四〇〇一）

ここには、夏でも雪をいただく立山を、神の領有する山として讃仰をおしまない家持の思いが、歌の響きにたたえられている。立山が古く「たちやま」とよばれ、神のたつ山として、神意顕現の山であったことが、この歌によってもしのぶことができるだろう。

だが、こうした山を、神が鎮もり、祖先の霊が鎮もるがゆえに、そこを修行の道場として分け入る宗教者が現れた。多くの人にとってそれまでタブーの意識をもってとらえられていた山を、心身の修行の場としたその象徴を役行者にとらえることができるとしたら、ここであらためて現代における山林修行が持つ意味を考えなくてはならない。

さらに中高年層を中心に、静かな登山ブームがつづくいま、登山と山を駈《か》ける修行とはなにがどうちがうのか。

千数百年の歴史背景を持ちながら、いまも山駈け、峰入り修行をなによりも重要な行として位置づけ、その実践に余念がない修験道。

すでに多くの人にとって、コントロールできないほどに溢れ、スピードアップした情報化社会にあるこんにち、山林修行とはなんなのだろうか。ここでは、その代表的な大峯修験、羽黒修験、そして比叡山の千日回峰行の概要をたどりながら、現代における山林修行が持つ意味を考えてゆきたい。

【一】大峯奥駈け——水と木と岩の曼荼羅

日本人の多くが携帯電話を持ち、日々、ＰＣ（パーソナル・コンピューター）を操作し、ときに画面上の情報に一喜一憂するこんにち、いっさいの人工的な情報から離れた山中に心身を擲《なげう》ち、無防備の人間が自然に向き合うことにどんな意味があるというのか。

奈良県吉野山から和歌山県の熊野へとうねる大峯《おおみね》山脈。全行程およそ一八〇キロの山道をたどる〈大峯奥駈《おくが》け〉修行は、前後九日間、山中七日間におよぶ。

桜の季節を過ぎ、山なみが浅緑から濃緑に色分けされ、木叢がむせるような大気を充満させる七月半ば。吉野山に本山をおく金峯山修験本宗（五條順教管長）は、年間最大の行事といっていい、奥駈け修行の季節を迎えていた。

金峯山上にある大峯山寺の護持院の一つ、東南院《とうなんいん》（五修良知住職）が主催して行う奥駈けに参加する行者は、北は北海道から南は九州におよび、総勢五十名前後のうち、はじめて奥駈け修行に参加する人（新客）が二十名前後を占める。そして奥駈けは峯中先達《ぶちゅうせんだつ》と、奉行役《ぶぎょうやく》五人の指導のもとに、集団行動によって進むことになるが、修行はまず、山上への出立の前夜、東南院護摩堂における「大峯秘法護摩供《ごまく》」の厳修にはじまる。

役行者像を正面に安置し、修験者の守護尊である金剛蔵王権現、それに不動明王、弁財天などの諸尊像を祀る護摩堂は、護摩木の燃えさかる炎と煙と、読経の声で波を打つように揺れていた。

道中の無事と満行を祈る秘法護摩供は、手錫《しゅしゃく》とよばれる、山中で用いる錫杖より柄《え》の短かな錫杖を激しく振ることによって進められる。

錫杖はサンスクリット語のクァクァラ（キキラ）の訳語だが、智杖・徳杖の意味をふくんでいた。修験者の正しい智慧を明らかに表すために智杖といい、功徳・人徳を積むためのよりどころとなるものとして徳杖といわれるのだが、実はここに、

大峯奥駈け、大日岳岩場登り。

奥駈け修行の容易ならざるキーワードが秘められているのである。

修行が「正しい智慧」を明らかに表すために実践されることは、仏教が基本的に問いかけてきた根本テーマだったからである。

知識でも、日常の役に立つ情報でもない智慧を明らかにし、体得しようとする。ここに山を駈ける基本的な目的があるとしたら、それは自分を見据えることによって、あらゆる苦の原因を明らかにしようとした、ゴータマ・ブッダの果てしない苦行につながることになるだろう。

奥駈けは、先達をはじめ、長年修行を重ねてきたベテラン山伏の指導のもとに行動するだけに他律的な修行とも見える。だが、現実に山道をたどり、岩山を攀じるのは私という個にほかならない。山中の古樹に向き合い、朝霧にぬぐわれた尾根道のそこに咲くヤマアジサイに出会うのは私である。そしてこうしたひとつひとつが、自分が自分に向き合うなによりのチャンスになることを、誰もが実感する。

この他律的な行動と、私という個と自然ひとつひとつとの出会い、これが奥駈けという山行を修行に高める基本線といえるだろう。

伝承の霊地だけではない。古樹や岩、湧水地、滝の前に立ち、真言を唱える。神仏にたいする呼びかけといっていい真言を唱えることによって、自然のひとつひとつがかけがえのないいのちのありようとして、私といのちを共有するのである。

吉野山から大峯山脈をたどり、熊野三山にいたる奥駈け道には、総計七十五の靡《なびき》とよばれる霊地がある。それは宿《しゅく》ともよばれ、修験者の行場として平安時代以前からの歴史を持つ。これが鎌倉時代におよんで奥駈けが盛んになるにつれ、それぞれに礼拝の対象を祀る霊地が統合され、修験教団の確立のなかで、一定の距離をおいたそれが、七十五の宿（靡）にまとめられたと考えられる。

ここに、熊野から吉野山へと駈ける順峯《じゅんぶ》、吉野山から熊野三山へと駈ける逆峯《ぎゃくぶ》の別はあるが、密教はこの奥駈けの山系を金剛界・胎蔵の両部曼荼羅としてとらえた。

それは山系の中間に位置する孔雀岳に近い岩峰のあいだを「両部分け」と称し、ここを境いに吉野側を金剛界曼荼羅、熊野側を胎蔵曼荼羅と見る。

大日如来を中尊として、その他の如来・菩薩・明王・天部など諸尊を配した、仏教の世界観を具象化した宇宙図としての曼荼羅。密教は金剛界曼荼羅を〈智の曼荼羅〉、胎蔵曼荼羅を〈理の曼荼羅〉と説くが、行者は奥駈け修行によって、理・智の曼荼羅を体得しようとする。

山を曼荼羅ととらえることは、山をさとりの本質を得るための道場ととらえることにほかならない。大峯山脈を駈ける私が曼荼羅の一部であり、私の内面に曼荼羅が生きていることを実感するのだ。そしてこの道場が水と樹木と岩におおわれ、無数の生命が息づく、いのちにおおわれているのである。奥駈け修行の道場が、いのちの曼荼羅ということになる。

大峯の峰々が普賢岳・弥山《みせん》・八経《はっきょう》ヶ岳・釈迦岳・大日岳等々と、仏教にゆかりの山名におおわれているだけではない。奥駈け道には五百羅漢とよばれる巨岩の露出した光景があり、水分《みくまり》信仰の霊地があり、古樹が風雨に耐え、花々が瑞々しい匂いを放っているのだ。

山行第一日目の午前四時。吉野山上の蔵王堂が静寂のなかに偉容を見せ、そこに安置された三体の巨軀の蔵王権現像に祈念をこらし出発した一行は、わずかに東の空に薄く青い雲の帯が見える夜明け前の吉野をあとに、門前の参道をぬけ、山上ヶ岳への登り道をいっきに駈け上がった。

五時を過ぎてご来光を仰ぎ、北の野面の向こうにうっすらとその山影を見せる二

[上] 吉野山蔵王堂（国宝）。
[下] 金峯山上（山上ヶ岳）への道。

上山、葛城山を望み、一行は奉行の先導によって「サンゲ、サンゲ、六根清浄」の唱和をくり返す。吉野山に千年余の水神信仰を伝える吉野水分《みくまり》神社。さらに地主神として金精明神を祀る金峯神社に参り、歌人西行の庵跡へつづく道を見送り、道はいよいよ修験者の足跡を伝える行《ぎょう》の世界へと踏み込んで行く。

歩きはじめておよそ十時間をへて、一行は山霧がおおう山上ヶ岳の山頂へと向かうが、実は大峯の修験とは、吉野山の発心《ほっしん》門（銅《かね》の鳥居）をくぐり、その道中で、修行・等覚《とうかく》・妙覚《みょうかく》の計四門を駈けぬけ、金峯山上（山上ヶ岳＝一七二〇メートル）まで行じてゆくことを指していたのである。この間に、仏道修行のこころを起こし、修行によって到達することができる最高の境地にいたるまでの四つの段階が設けられていたのだ。

奥駈けとは、山上ヶ岳をいう金峯山《きんぷせん》（金の御嶽《みたけ》と通称）から奥に位置する、熊野三山にいたる修行の地へ駈け入ることであった。

そして山上ヶ岳周辺には表行場・裏行場とよばれる、およそ十八の行場が一行を待ちかまえている。なかで「西の覗《のぞき》」といわれる、三百メートルほどの岩壁が谷へ落ち込むその岩頭に、二人の山伏の介添えによって、足首を持たれたまま吊り下げ

山上ヶ岳、「西の覗」の行。

られる行は、新客にはなによりのショックになるだろう。

　胴体をロープでくくりつけられているとはいえ、逆さ吊りにされ、真下の谷がゆらいで見えるそこで「親孝行するか…」「一所懸命働くか…」と奉行役の山伏からたてつづけに問われる。誰もが「ハイ、ハイ…」と答えるほかないのだが、こうした行の連続が、いっきにそれまでこだわっていた日常の価値観を遠いものにしてゆくのである。

　息を切らせながらの「サンゲ、サンゲ」の唱和。心身の安定を逆転させるような行の連続。ここには知識も、役に立つと思われた情報の多くも、なんの意味も持たない。実感されるのは、自分という存在の小ささ、肉体の弱さ、自然が自然としてなんの誇張もなく、そこに生きていることへの畏敬の思いである。

　ヤマアジサイが風に揺れている。その間近かにカッコウの澄んだ鳴声が響く。やがてオオヤマレンゲの群咲きに出会う。しかもそのひとつひとつが、私にとって他者ではなくなってくるのだ。自然を愛《め》でるとか称《たた》えるという客観性を超えた、それはそこに立つ私にとってなくてはならない、いのちのありようというしかない。

　こんな思いが、午前二時の起床につづく、澄んだ味噌汁と二切れのタクアン付きの朝食によってはじまる早暁の山行と、朝霧の晴れた一瞬の日差しのなかに、日に日につのってくるのである。

すでに金剛界曼荼羅から胎蔵曼荼羅の世界に入ったことも、降りしきる雨が、霊地での勤行のたびに首筋を流れくだることも、あらためて意識することもなく、ただひたすらに歩き、岩を攀じ、尾根を吹きぬける風に身をゆだねてゆく。

だが、ときに岩山と格闘しながら、いつの間にかその一部になろうとしている自分に気づき、普段、思うこともない、秘められた心身の野性にわれながら驚くことがある。奥駈けという集団行動。この他律的な心身の動きが、私に秘められた自律的な感性を呼びさましてくるのだ。

トウヒやシラベなどの原生林が山腹からせり上がる尾根を駈け、明星ヶ岳へ下って行くそこで、オオヤマレンゲの群棲地に入り込んだことがあった。朝霧が、ふっくらとした花の群をつつむのか、花の匂いが周囲の霧を満たしているのか。その瑞瑞しいまでの花の輝きに、自分がいまどこにいるのかさえ忘れる。

万物を「生きている」ととらえる活力・生命力についての観念を指していうアニマティズム。たとえば私とオオヤマレンゲとの出会いは、このアニマティズムとよぶしかない。

　目の前のオオヤマレンゲの花弁に揺れる水滴が、霧を分けた朝の光を受け、水の色を幾色にも変える。早朝の小休止の一瞬に出会った一滴の水が、私の内面に新しいことばを生む。

　これがいのちの情報なのだ。これが情報化社会にこそ求められなくてはならない始原の情報なのだ。

　「一即一切《いっそくいっさい》・一切即一《いっさいそくいち》」という華厳経が説く根本思想。「尽十方《じんじっぽう》世界これ一顆の明珠」という道元（一二〇〇―一二五三）の『正法眼蔵』（「一顆明珠」）が述べる認識。いずれも世界をどうとらえるかという問いに向き合う世界観そのものだが、華厳経は「宇宙を構成するすべては互いに交わり合いながら流動し、一《いっ》のなかに一切をふくみ、一切のなかに一が遍満している」という。また道元は、全宇宙はそのまま光り輝くひとつの玉であるという。

　この認識はいずれも、世界と私が離れた別のものであるという思いには生まれないだろう。尽十方世界、つまり尽きることのない世界が、そのまま私という生命体と境目なく融け合ったとき、そこに尽きることのない光が放射され、もろともに一顆の明珠となる。

しかも、人間の六十兆あるという細胞が、一年半のうちに新しい細胞に生まれかわるという事実が、私に、生きていることが同時に細胞の刻々の死をもかかえていることなのだという認識を呼びさますのだ。この死をかかえこんだ私という生命体が、いっときのいのちを輝かせるオオヤマレンゲに出会い、岩に根を張る一本の古樹に出会うのだ。

山はいのちの根源がなんであるかを知らせる、情報発信の始原《アルケー》なのだ。私の内面宇宙が世界とつながっている。山河大地、日月星辰、それが私の内面宇宙そのものであると実感できるとしたら、この身体感覚こそが修験道が千数百年の実践をもって求め、明らかにしてきた成果であろう。そしてこのことが、日本古来の自然観が生命観であり、同時に宗教観であることの証しなのである。

奥駈けは、役行者の山中の行を助けたと伝承のある前鬼・後鬼の末裔が集落をつくったといわれる前鬼の宿坊で前半の行を終え、さらに浦向《うらむかい》に出、ここで後半の行に参加する女性の修行者一行ともども笠捨山《かさすてやま》（一三五二メートル）へと進み、玉置山《たまきさん》へと駈けぬける。

すでに熊野の山なみの果てに紀伊の海が見えてくる。そして後方には、たどってきた大峯の、いくつもの水系をかかえた山なみが、分厚い緑のうねりを見せるのである。

そこに、釈迦ヶ岳（一七九九メートル）山上での、先祖供養の思いをこめた柴灯護摩の光景が、あるいは大日岳の四十度に近い傾斜の大岩壁を登攀する、風になりきろうとした自分の姿が見えたとしても、それは山岳曼荼羅のほんの一瞬の動きにすぎない。

山を駈ける。それはミクロ・コスモスである私が、マクロ・コスモスである山岳を駈けることにほかならない。しかもひとりひとりの行者は、山を駈けることによって、ミクロのなかにマクロが、マクロのなかにミクロが遍満するその一体感のうちに、自分が生きている壮大な曼荼羅に気づき、それをさらに内面化してゆくのである。

修験道は歩くという、心身の精いっぱいの実践を尽くして、自然のただ中に智慧の発現を見、そこにことばの原郷を見てきたのである。

【二】出羽三山〈秋の峰入り〉——地獄から仏への階梯

出羽三山を構成する月山《がっさん》（一九八四メートル）・湯殿山《ゆどのさん》（一五〇四メートル）・羽《は》黒山《ぐろさん》（四三六メートル）の三山は、それぞれに固有の霊山信仰を持っている。

月山はいまもその山麓から、山肌に残る雪模様が農暦を意識して見られるように、水源を持ち、長く農耕に深く関わる山として、庄内地方のシンボルの位置にあった。

さらにその山神・月読命《つくよみのみこと》は農耕・漁労の暦をつかさどる神であったことから、月山は内陸からも海にはたらく人々からの信仰も受けてきた。そして有史以来、噴火の記録を持たない月山は、本地仏に阿弥陀如来を祀ってきたことから、死霊の集まる山とも、阿弥陀如来の浄土とも考えられた。

一方、湯殿山は、古くから三山の総奥の院として、霊山信仰のもっとも秘すべき聖域の位置にあった。それは、熱湯の湧き出る巨岩をご神体としていたからで、巨岩は女体とも女陰とも観念され、豊穣のシンボルとして拝され、真言密教が大日如来の化現ととらえたのである。

また三山の開山者として伝えられる能除仙《のうじょせん》（蜂子皇子《はちこのおうじ》とも能除大師とも）が、日本海沿岸の八乙女浦から上陸し、まず入山したのが羽黒山であった。

山上の御手洗池《みたらし》（通称鏡ヶ池）から、平安時代後期から鎌倉時代にかけてのものを多くふくむ、古鏡およそ六百面が出土していることから、池は聖なる水を湧出する神の依り代の位置にもあり、八乙女浦の洞窟と地底の道でつながっているという伝承すらあった。

たどれば出羽三山のいずれもが、庄内地方の農耕生活と密接にむすびついた霊山であることがわかる。毎年八月二十四日から九月一日にかけて行われる羽黒山修験本宗（島津弘海管長）主催の〈秋の峰入り〉修行は、この三山を道場として実践される。

そして大峯奥駈けが、吉野山から南の熊野三山へと抖擻して行く直線型であるのにたいし、羽黒修験の峰入りは、羽黒山中の荒沢寺《こうたくじ》を拠点とする籠もり型であり、三山の秘所といわれる地への抖擻はあっても、必ず荒沢寺へ戻るという円環型といえる。ここに農耕文化を背景とした羽黒修験の特徴があることはいうまでもない。

山形県鶴岡市羽黒町手向《とうげ》。羽黒山の登り口へと並ぶ、かつての宿坊通りの一角にある荒沢寺正善院。ここが羽黒山修験本宗の本山であり、〈秋の峰入り〉修行参加

羽黒山山上の三山合祭殿と鏡ヶ池。

者は、毎年八月二十四日の午後、ここに集まる。

なお出羽三山神社主催の〈秋の峰入り〉は一日遅れの二十五日から行《ぎょう》に入るが、こちらは明治の神仏分離以後、新たにはじめられた神道式の儀礼によって進められるもので、羽黒修験の伝統を受け継ぐ峰入りとは異なる。

奥駈けもふくめ、修験道の峰入り修行は「死と再生の儀礼」といわれてきた。

それは、大小・美醜・老若といった、二元相対の価値観が身についたひとりひとりの擬死をふまえ、山中の行によって、そうした価値観にとらわれない、新たな人間として再生しようという意欲と願いにもとづいている。

そして峰入りは、二十四日夜の「笈《おい》からがき」とよばれる秘儀によってはじまる。「しばる、むすぶ」といった意味を持つ「からがき」だが、山伏が背に負う箱状のものをいう「笈」を荘厳するのが、この秘儀のポイントとなる。

その夜、正善院の本尊・観世音菩薩像の前で、峰入り修行の指導者である大先達をはじめ、導師役と〈閼伽《あか》〉〈小木《こぎ》〉〈駈《かり》〉役を中心に法会がいとなまれるが、これを「笈からがき」とよんでいる。しかも般若心経・錫杖経・観音経等々を唱えてすすめられるこの法会は、入峰参加者がみずから行う、自身の葬儀であるといわれて

[上] 秋の峰入り、羽黒山参道入口にて導師による法螺の合図。
[下] 笈からがき、笈上の斑蓋(あやいがさ)は胞衣を意味する。

きた。

翌日、山中へ入ることになるが、入峰参加者はこの葬儀によって擬死を果たすと観念することから、神霊を斎《いわ》いこめる（慎んで祀る）といわれる「笈」は、やがて再生するまで、入峰者全員にとっての棺ということになる。「笈」はいわば、生命の蘇りを可能にするマジック・ボックスなのだ。

翌日、黄金《こがね》堂前において行われる「梵天作法《ぼんてんさほう》」は、さっそくこの笈が持つ意味を激変させるのである。

四十代から五十代の参加者を主に、十代後半から七十代後半までが揃う入峰者百人ほどが、山中の案内役をつとめる〈駈《かり》〉がかつぐ大斧《おの》を先頭に、正善院の向かいにある黄金堂境内へと向かう。

行く手を妨げる一切の障碍を打ち砕く利器とされる大斧。この大斧にガードされて、ながさ五メートルに近い、柱状の梵天がつづくのである。梵天とは、インド宗教が紀元前のヴェーダの時代から〝生成の神〟として重んじてきた神ブラフマーだが、仏教は古くから梵天を主護神としてとり入れてきた。

峰入り参加者は北海道から九州にまでおよぶが、羽黒修験には近年、フランスを

梵天作法、巨大な幣を投じることによって男女和合を象徴する。

はじめドイツ、イギリス、さらにイスラエルからの参加者もある。自然に向き合い、心身を駆使して、そこに神仏のありようを感得しようとする修験道への関心は、禅ブームのはじまる三十年前から、さらに広がっているのである。

黄金堂の石段下に立つ大先達が、右手に密教の法具である独鈷《とっこ》を握り、笈を背負ったまま梵天を左右に三度ずつまわしはじめる。その大先達の頭上には、白い紙飾りでおおった、美しくも頬笑ましい、編笠にも似た斑蓋《あやいがさ》（「はんがい」ともいう）が見え、梵天の先には麻糸が何本もぶら下がり、そのうちの一本には古銭がくくり付けられている。

ここには麻糸が骨を、人間の神経・血管をも意味するという抽象性があった。いや梵天はこうした装置をもって、まさに男根としての具象化を見せているのである。

一同が見守るなか、大先達の「阿吽《あうん》」の呼吸による一声によって、梵天は黄金堂へ向かって突き入れるように倒され、このとき、境内に法螺貝が鳴り響く。〈梵天作法〉とよぶこの大胆きわまりない、しかも野性的な男女の和合がこうして成就するのだが、ここに、棺の意味をもっていた笈は、新たな生命を育む母胎の役を担うことになる。

しかもここには、イザナキ・イザナミ二柱の神によって、〝天の沼《ぬ》矛《ほこ》〟をもって国土形成が成された『記・紀』神話にある古代性の反映が見られ、インド宗教の生成の神ブラフマーが男根の役を担って、男女の和合が劇的に表現されているのだ。〈梵天作法〉によって「笈」の上には斑蓋がのせられ、それ自体が胎児をつつむ胞衣《えな》の役を果たし、母胎の意味を持つことになったそれを背負った大先達を中心に、一行は二五〇〇段に近い羽黒山の参道を登り、山上へと向かう。樹齢五百年余の巨杉が左右をうめつくす石段の登り道は、木の香をふくんだ濃密な大気におおわれ、登拝が少しも苦しくない。

一行は途中、月山を遥拝し、湯殿山、さらに北方の鳥海山を遥拝し、白山神を祀る白山堂にも参る。一説に羽黒山は北陸の白山を開いた泰澄によって開かれたともいわれているが、琵琶湖の北東岸から福井県、石川県にかけての日本海側には、泰澄開基の伝承を持つ寺院が多い。その寺々にも、羽黒山の本地仏と同様、観世音菩薩が本尊として祀られているのだ。

また、出羽三山にいわれる現在の三山構成は、歴史的には古いことではなく、近世になってからのことだった。三山のうち、月山と羽黒山は動かないとしても、第三の山には山形県の内陸に聳える葉山《はやま》（一四六二メートル）や、山形・秋田の県境にあって、噴火の記録の多い鳥海山（二二三六メートル）が加わり、出羽三山とよばれていた時代もあった。だが、そのいずれの三山構成においても、湯殿山はつねに三山の総奥の院として位置づけられていたのである。

羽黒の山上で一行がまず参拝するのは御手洗池である。地底から夥しい数の古鏡が出土していることが証しているように、これまで涸れることがなかったという池こそが、三山信仰がはじまる以前の古代の農耕信仰を語っているだろう。

正善院には〈羽黒神《うぐろじん》〉とよばれる、トグロを巻く蛇の頭部がながい顎《あご》ヒゲを持つ翁の顔になった木製の小像がある。これは宇賀神《うがじん》とよばれ、古い寺社の洞窟などに祀られる神と似た像容を持ち、いずれも水にゆかりの深い弁財天とも共通するはたらきを秘めていた。

羽黒山麓にはかつて、羽黒神を祀る例が多かったが、蓮台の上にトグロをのせ、通常は像全体が桃の型をした窓付きの鞘《さや》ですっぽりとおおわれている。不思議なリアリティーを持ったこの像は、道教の延命長寿につながる民間信仰の姿であろう。

聖徳太子の時代に重なる崇峻《すしゅん》天皇の皇子とされる開山の能除仙は、日本海沿岸

［上］月山・湯殿山の眺望、羽黒山より望む。
［下］羽黒神（荒沢寺正善院蔵）。

から羽黒の黒い森を目指して入山したと伝えられるが、ここには日本人が好む貴種《きしゅ》流離譚《りゅうりたん》が反映しているだろう。『書紀』にしたがえば、蜂子皇子は父を殺され、はるばるこの地へやって来た貴い血筋の方ということになる。

となると、出羽三山の開山は七世紀はじめの古い時代ということになる。したがって七世紀後半に活躍したと思われる役行者は、ここでは中興の祖に位置づけられてくる。

興味深いのは、十四世紀ごろにはじまるこの一見、伝説的に思える伝承が、羽黒山上の宮内庁管轄になる蜂子皇子廟所として顕在化していることである。いずれにしても蜂子皇子、つまり能除仙は、幸いをもたらすマレビトとして、未知の期待をもって迎えられた異文化圏の人、あるいはその血を引く新しい神の将来者として、農耕文化の世界に顕在化したのであろう。

だが驚くのは、この開山者の容貌である。口が耳もとまで切れ上がり、巨大な鼻を持つその異貌は、在来の宗教圏にくらす人々が受けとめた、その驚きの姿を伝承したものだったかもしれない。そして能除仙が入山の折、聖火を熾《おこ》す〈鑽火《きりび》の行法〉を成就した地と伝えられる聖域が、羽黒山上の荒沢寺であった。

蜂子皇子（能除仙）像（出羽三山歴史博物館蔵）。

男女をまじえた入峰者は、荒沢寺に部屋を割りふられ、行を重ねてゆくことになるが、その日々のさまざまな行・儀礼は、他の修験道世界ではうかがうことのできない、あたかも芝居の口調にも似た言い渡しによって進められてゆくのである。

まず一行は、羽黒山の参道を登りはじめる際、導師より「総新客衆《そうしんぎゃくしゅう》」という重々しいよびかけを受け「承《う》けたもう」「此れより一人も残らず参詣さっしゃれ」「承けたもう」の応答がつづいてゆく。また、午前一時の起床には「床《とこ》へ、床へ」という駈役《かりやく》の声によって身支度をととのえる。「床へ」とは寝床に戻ることではなく、道場へ集まれということだが、駈役はさらに大先達らを「お迎え、お迎え、お迎え…」と語尾を伸ばしたよび声によって道場に迎え、一同は再び「承けたもう、承けた、承けたもう」によって、それを待つ。

行中、こうしたことばのやりとりがつづくのだが、芝居じみたこの応答がむしろ新鮮な緊張感を生む。そしていよいよ入峰者は、羽黒修験独自の修行に心身をゆだねることになる。

秋に刈り取られた穀物が、暗い穀物庫に保存され、翌春また大地に播かれ、芽生え、稲穂を実らせてゆく。農耕文化にくり返されてきたこの生命の循環が、密教によって行体系として組み立てられ、羽黒修験独自の修行システムが生まれたと考えられる。

地獄・餓鬼《がき》・畜生《ちくしょう》・修羅《しゅら》・人間・天・声聞《しょうもん》・縁覚《えんがく》・菩薩・如来にいたる十段階の精神の階梯を行として体験してゆくこれを「十階《じっかい》の修行」とよんでいる。山中七日間におよんで多様な行が実践されてゆくわけだが、それは羽黒山中の荒沢寺を拠点に、真夜中の起床にはじまる、めまぐるしい行の連続によって体験してゆくことになる。

読経・掃除などの労働・断食・五体投地・三山秘所への抖擻《とそう》等々、入峰者を待ちかまえる行においては、そこに介入するかもしれない、世俗の価値観や心情などは一切顧慮《こりょ》しない。それがむしろ、十段階におよぶ精神の階梯を少しずつなり高めて行くのである。断ちきれない執着や、諸々の欲望・自負心といったものが、心身の疲労やさまざまの反問を生むかもしれない。だが瑞瑞しいブナの森に出会い、吹きわたる風に身をまかせながら、結局誰もが自分に向き合うことになるのだ。

大峯の奥駈けも、羽黒修験の峰入りも、ここでは精神的な変化は、肉体を駆使するその身体感覚の変化こそが促しているのである。はじめに精神的な変化が生まれるのではない。これが修験道という実践宗教が、現代に持つ意味なのだ。

ひと口に「十階の修行」というが、山中わずか七日間のあいだに、少なくとも地獄から餓鬼・畜生・修羅・人間・天にいたる、みずからの煩悩にもとづく苦に満ちた生存をくり返す六道までの段階を、さらに如来におよんで行《ぎょう》として体験するそれは、入峰者にはその境い目すらわからない、めまぐるしいものである。

しかしそんななかで、真夜中の眠気をいっきに打ち破ってくれるのが、〈南蛮《なんばん》いぶし〉であろう。唐辛子と米糠《ぬか》を炒《い》りまぜ、それに陰干しのドクダミを加えた薬味《やくみ》とよぶ粉末を、道場内に持ちこんだ大型の火鉢にくべる。

導師の「上床へ火鉢、下床へ火鉢」と張り上げる声にともない、もうもうたる灰色の煙が、渋《しぶ》うちわで煽がれ、いきなり入峰者の全身を襲ってくるのだ。〈火鉢作法〉とよぶこの儀礼のさなかに、一同は読経をつづけるため、誰もが刺激の強い匂いと煙をまともに吸いこみ、あまりの煙の激しさに失神する人さえある。

そして後半には肘《ひじ》が擦《す》り剥《む》けてくる、本尊の前での百回におよぶ〈五体投地〉の礼がある。いずれもはじめての入峰者には思わぬショックを与え、生理的・身体的なダメージは大きい。だがもし、こうした行・儀礼に積極的にとりくむなら、限られた日数とはいえ、そこに生まれる精神的な変化はけっして少なくないだろう。おそらく「十階の修行」のひとつひとつは、かつて長期にわたった峰入りが九日間に短縮されたとき、心身にダイレクトに投げかける演劇的な展開を強め、それをもって、入峰者を導く実践に組み立てられたのではないだろうか。

しかもここには笈という山伏が背負う肩箱と斑蓋の持つ、擬死から再生におよぶ象徴性があり、梵天が持つ古代性に、インド宗教と日本の農耕文化が持つ土着性とが自在に融合した、生命再生を示唆するためのダイナミックな演劇性がある。そして羽黒修験ならではの、古典劇の会話にも通じる応答。それは、月山山麓に伝統芸能として残された黒川能や種々の民俗芸能とも連動するものにちがいない。

むろん行中には、なぜそんな所作が為されるのかと、判断に迷うような儀礼も多い。峰入り修行半ば近くに、羽黒山中の山道に登場する、葉の付いたツバキの枝を三本ずつ刺した、ながさ一メートル半ほどの藁束《わらたば》が互い違いに三列おかれた〈違《ち》い垣《がき》〉とよばれる、幅わずか二十センチほどの道。この道を大先達を先頭に、一同がジグザグに歩いてゆくのである。

さらにこのとき、長老山伏の手で点火された二本の松明を持った閼伽・小木役が、膝を振り上げるようにして駈け寄る。そして最後に円を描くように振りまわした松明二本を持った小木役によって、地面に激しく叩きつけられる。

中国四世紀の『抱朴子《ほうぼくし》』にもある「禹歩《うほ》」につらなる反閇《へんばい》の一種と思われる、このマジカルステップは、陰陽家によって駆使され、平安時代の中宮の外出の折に、安倍晴明らによって実践されたであろう、邪鬼除けの意味をもっていた。

むろん『抱朴子』が説く道教・陰陽思想の影響はこれに限らない。護身の秘呪といわれる〈九字護身法《くじのごしんぼう》〉は、大峯にも羽黒修験にも伝えられ、いまも実践されている。

「臨《りん》・兵《ぴょう》・闘《とう》・者《しゃ》・皆《かい》・陳《じん》・列《れつ》・在《ざい》・前《ぜん》」の九字を気合いを入れるようにして唱えながら、そのひとつひとつにともなう手印をむすび、空《くう》を横に五本、縦に四本、右手の刀印によって交互に切るもので、真言の読誦がともなう。

しかし驚くのは、悪鬼を踏み鎮め、その場を聖なる境域として結界するこの〈違い垣〉が産道と観念されていることである。

ここで、行半ばにして再生を遂げたと思うのは早合点で、入峰者は行中、何度となく擬死と再生を示唆する儀礼を体験するのである。そしてそのことごとくが、法螺貝の効果的な響きをともなう演劇性に満ちているのだ。

もちろんその都度、入峰者は古代へタイムスリップしたような錯覚におちいり、それが心身のステップアップを実現させるきっかけを生んでいるのである。

おそらくここには、誰もが簡単には捨てられない、自分が自分を善しとするそのこだわり、価値観、さまざまな欲望に気づかせるための先人の体験的な示唆があるにちがいない。それも、行や儀礼を体験するだけではない、いっさいの先入観なく自然の瑞瑞しいありように向き合いなさいという示唆が。

行の後半に組みこまれた、荒沢寺境内における〈柴灯護摩修法《さいとうごまずほう》〉は、その修法の舞台設定からして、まるで歴史的なドラマを舞台上に観るように演劇的である。

しかも、月山の中腹で儀礼的に伐られた神木ブナを護摩木（壇木《だんぼく》とよんでいる）として、その九十六本を井桁《いげた》状に組み上げ護摩壇とし、それが夜半を過ぎた星空のもとで焚かれるのだ。

〈秋の峰入り〉のハイライトといっていいこれを、羽黒修験では「最尊・最勝の儀礼」とよび、その秘法は伝統的に入峰修行者だけが知るものだった。人間のからだをつくっている骨の総数と観念された、ながさ一メートル、径十二、三センチほどの九十六本のブナは、その両端の切り口に三《み》つ巴《ともえ》が墨で描かれている。水の象徴である。

護摩壇を大きく囲んで注連縄をめぐらした修法の場。厳重に結界されたこの聖なる境域には、東西南北・中央をつかさどる阿閦《あしゅく》・阿弥陀・宝生《ほうしょう》・釈迦・大日の五如来、それに神々が勧請されており、観音・阿弥陀・大日如来を一体のうちに象徴していると思われる峰《ぶ》中《ちゅう》の本尊・三鈷《さんこ》大悲《だいひ》遍照《へんじょう》如来が祀られていた。この、護摩修法の場そのものが、羽黒修験独自の曼荼羅を示しているのだ。

護摩壇を前に、入峰者一同は、いましもはじまろうとする秘法への期待と、未知の不安をかかえながら見守るのである。そしてここでも、松明を持った閼伽・小木役による反閇が行われ、聖なる火とマジカルステップによる道場の浄化と結界がくり返されてゆく。

「柴灯に火がたった、柴灯に火がたった、大柴灯に火がたった」と叫ぶような声とともに、護摩壇脇の大地に二本の松明が叩きつけられる。法螺貝が午前一時の空に向かって響きわたり、護摩壇に点火される。

護摩木は、上方に差しこまれたツバキの葉の爆《は》ぜるような音を押し上げるように

［上］秋の峰入り、柴灯護摩。
［下］秋の峰入り、松明作法。

燃え、巴《ともえ》印を描いた一本一本の骨が煙をまといながら徐々に火炎を広げてゆく。火と水の葛藤が、ここでも焼き尽くせないこころの澱《おり》のようなものを焼き尽くそうとするのだ。さらに読経の声が、その火炎をゆさぶるようにつづき、周囲の闇の色を変えてゆくのである。

燃えているのは入峰者ひとりひとりの骨である。しかもその前で炎を見上げているのは私自身なのだ。むろん煩悩がこの火によって焼き尽くせるものではない。それでも、もしそれが修羅の火に見えるとしたら、そのときこそ、私は私自身に向き合うことになるにちがいない。

「十階の修行」は、三鈷沢あるいは月山八合目の秘所「東補陀落」への抖擻を実践し、山中での七日目、羽黒山の石段をいっきに下る。そして正善院前に設けられた〈場柴灯《ばさいとう》〉とよぶ護摩火をとび越える「出生《でなり》」の儀礼をもって、その階梯を昇りつめることになる。

新たな生命の誕生が、ここに儀礼的に実現するわけだが、他界であり、母胎でもある山中において、幾段階にもわたる行を遂げた入峰者の足どりは、どこか喜びに満ちて明るい。

【三】比叡山の千日回峰行——生と死の境界

千日回峰行は、七年間をかけて比叡山の山上・山下の諸堂・霊跡をめぐる、許された出家僧にだけ、その入口の扉が開かれた山林修行である。しかも比叡山上の東塔・西塔・横川《よかわ》と、三つのブロックに分かれた伽藍群（三塔十六谷）を順拝する回峰行は、終始、単独で実践される。

さらに回峰行の拠点はいま、東塔の無動寺谷と、比叡山の北東麓に位置する飯室《いむろ》谷《だに》にあり、それぞれ玉泉房流、恵光坊流の伝統を汲んでいるが、通常、比叡山の千日回峰行といえば、無動寺回峰を指すほどに、ここを基点とする回峰行が主流になっていた。

飯室の回峰は、その基点となる地が、山上の伽藍群から離れていることもあって、ながく途絶えていたが、第二次大戦後間もなく、三九〇年ぶりに復興していた。

また七年間にわたる回峰行には、行者がめぐるコースと距離の上で三通りの回峰があり、まず最初の三年間は、一年に百日間、毎日およそ三十余キロを回峰する。そして四、五年目に入って、それぞれ二百日ずつ回峰し、この五年目に総計七百日間の回峰を行じたその日の午後から、行者は東塔の無動寺明王堂に籠もることになる。

〈堂《どう》入り〉とよばれる、九日間におよぶこの行では、断食・断水・不眠・不臥《ふが》という、人間が本能的に持つ食べたい、飲みたい、眠りたい、横になりたいという、生理的な本能による行為がいっさい許されない。しかも堂内に籠もった行者は、本尊不動明王を前に、一日に三座の勤行をいとなみ、その上、計十万遍、不動明王の真言を唱えなくてはならなかった。

この過酷きわまりない行に入った行者が、生きて再び人々の前に立つことができるかどうか、それは誰にも保証できないため、〈堂入り〉の行に入る直前、行者は師僧の導きによって〈生き葬式〉を行う。行《ぎょう》の上では、限りなく死に近づいてゆく行ともいわれている。事実、堂内で終始、行者の一挙手一投足を見守る僧は、堂入りが四日を過ぎると、死臭が漂うという。

それでも行者は毎日早暁に、仏前に供える浄水（閼伽水《あかすい》）を汲みに、二百メートルほど離れた谷への道を往復しなくてはならなかった。生と死の境界を行く行といわれる千日回峰行のなかで、〈堂入り〉はまさに死線をさまようというにふさわしい凄絶な行といえる。

だがなぜ、なんのためにこれほどに過酷な修行を実践しようとするのか。

伝教大師最澄によって、大乗仏教の修行道場として開かれた比叡山の、第三代天台座主《ざす》・円仁《えんにん》の時代、山は密教色を強めていた。そして多くの密教美術を生んだ貞観《じょうがん》時代（八五九―八七七）、円仁の弟子相応《そうおう》は、毎日、山中の花を摘み、山上の本尊・薬師如来に供え、五体投地をもって礼拝をつづけたという。

この相応がある日、薬師如来から「この山の峰を巡礼して、山王の諸祠に詣でて毎日遊行《ゆぎょう》の苦行をし、行が満ずるならば不動明王本尊となり、一切災殃《わざわい》を除く」という夢告を受ける。相応は以来、無動寺谷を拠点として、比叡山巡拝の行をはじめたといわれ、千日回峰行の源流もここにあるといわれる。

以来千百年余をへてこんにち、京都と滋賀のあいだにあって分水嶺をなす比叡山には、その山上に自動車道路が走り、遊園地があり、観光地としての賑わいもある。しかし巨杉が山上山下をおおう山に、凄絶きわまりない千日回峰行が途絶えたことはなかったのである。

縁あって、私がはじめて回峰行に同行させていただいたのは一九七五年六月のことであった。当時、飯室谷を基点とする千日回峰行を三百九十年ぶりに復興し、その途上にあった酒井《さかい》雄哉《ゆうさい》師は、人生の紆余曲折をへて出家を遂げ、中年を過ぎて「行《ぎょう》は、わしの最後の砦《とりで》」と決意を秘め、千日回峰行の途上にあった。

杉の木立に囲まれた、比叡山北東麓の斜面にある飯室谷不動堂は、酒井師の行の上の師である箱崎文応《ぶんのう》師が、一九四四年にこの地を基点に百日間の飯室回峰を遂げた記念すべき行場であった。酒井師はこの箱崎大阿闍梨《あじゃり》を師と仰ぎ、師の身のまわりの世話をしながら行を重ねてきたのだった。

前日の午後十一時過ぎに、二時間半ほどの睡眠から起きた酒井師は、越中褌《ふんどし》のまま暗闇の杉木立をたどり、裏山に落ちる滝行場へ歩み寄った。それは酒井師にとって毎朝欠くことのできない、回峰行の前の儀式にも等しかった。

印をむすんだまま真言を唱え、滝水を顔に浴びせ立ち尽くす。飛沫の音だけが闇を破り、仁王立ちの人となった、その裸身が赤く染まって見える。さらに不動堂における勤行は一時間におよび、死装束といわれる白の浄衣をまとい、明かりの下に立ったとき、午前一時をまわっていた。すでに葬儀のときと同じように、行者は自坊の畳の上で草鞋を着けていた。

酒井雄哉阿闍梨の千日回峰行。

千日回峰行は、その年百日ならば百日間、二百日ならば二百日間、行者のその日の体調などにはいっさい関係なく、連続して行じられるもので、ここにはつねに不退転の決意が求められていたのである。

事実、酒井師はその途上で命が絶えても悔いはないと語りもし、その思いが日々の行を支えてもいた。右手に杖を、左手に提灯《ちょうちん》を持った行者が、近くの慈忍和尚廟に祈りをこめたあと、林間の道をおおう闇のなかへ、あっという間《ま》に走り過ぎて行く。そこには提灯の明かりだけが揺れて見えた。

相応和尚が法華経「常不軽菩薩品《じょうふきょうぼさつほん》」の一節に全身を撃たれ、自分に石を投げるその相手をも拝むという常不軽菩薩に傾倒し、いよいよ厳しい山林抖擻の修行に打ちこんでいったという伝承は、現代の回峰行者に見事に受け継がれていた。

千日回峰行とは、礼拝行だったのだ。一日の回峰中、およそ二六〇におよぶ霊跡・諸堂を拝むといわれるここには、単に神仏に手を合わせるというにとどまらない、比叡山という霊山を構成する自然のひとつひとつへのたとえようもない畏敬の念がこめられていた。

夜の大気の底にわずかに湖面を確認できる琵琶湖を左手に見、その湖岸からつづく参道の脇の道をたどり日吉大社に参り、いよいよ行者は山中のけもの道といわれる、道なき道を草生いを分けて登りはじめる。すでに日吉大社境内を東本宮へ抜け、西側にもっこりとした森山を見せる神体山八王子山（三七八メートル）をたどり、山中の大宮川の激しい水音を前にしていた。

比叡山に多いイノシシが掘った大きな穴が木の根方に口を開けているのだが、それが丈高い草におおわれ、そこにころげ落ちることもある。草の束をワシ摑みにしながら、私は行者の白衣を見失ってはならないと、必死に深い笹のなかを泳ぐようにして登っていた。

不動明王の真言を唱え、印をむすび、ときに般若心経を唱え、行者は出立してから終始、その呼吸にまったく乱れがなかった。登り坂も平地も同じリズムで走っているのだ。

三塔十六谷といわれる比叡山の聖域は、いくつもの尾根と谷によって成り、行者はそのことごとくを巡拝するといってもいい。しかも行者は、歩きながら、走りながらも真言を唱え、回峰のすべてが常不軽菩薩にならっていたのである。

明け方、尾根道に立ったとき、日の出と残月が同時に見えたことがあった。と酒井師は、「日光菩薩と月光菩薩のあいだに立てば、お薬師さんやね」と、笑みを浮かべながらいう。たしかに仏像は、こうした自然現象に促されて生まれたものかもしれない。

むろん回峰行には雨の日も風の日もあり、嵐の日だってある。

「歩きはじめたときに嫌だった雨に、だんだん味わいが出てくる。春に雨が降る。この雨で木の芽がふくらみ、桜の蕾もふくらんで、やがて花が咲くんだ」回峰のさなか、こう呟いたこともあった。そして「雨が降るから、琵琶湖の水も豊かになり、そこからいろんなものが生まれるんやね」とも。

回峰行には辛いはずの雨も風も、行者によってそれが自然のめぐりとして肯定される。行者はそのひとつひとつをいのちの発現に直結する現象としてとらえているのだ。それは、一日に四十キロから八十余キロにおよぶ回峰行が「いのちによる、いのちに向き合う礼拝」に終始しているからであろう。

心身の疲労が重なっているはずなのに、行者の顔が驚くほど穏やかになり、眼差しが澄んでくるのは、このことと無縁ではないだろう。

回峰をつらぬく礼拝行が示唆しているように、千日回峰行はその意味でもっとも自然なかたちで、神仏習合信仰が修行システムに組みこまれた、日本特有の山林修行といえるだろう。

東塔の根本中堂、山王院、無動寺明王堂、さらにながい坂道を下ってたどる、最澄の廟所がある浄土院から西塔の釈迦堂や常行堂、法華堂、そして横川《よかわ》の中堂、円仁の時代からはじめられた写経を納めてきた供養塔としての根本如法塔等々。行者はこれらのほかにも多くの霊跡、古樹、巨岩の前に立ち、祈りをこめる。

三塔の巡拝をふくむ、飯室谷からおよそ四十キロの、行者の白衣を追う私の回峰行は、八時間余をかけ、それでも汗みどろで飯室谷へ戻った。

一年に百日、あるいは二百日間の回峰行というと、その他の日はゆっくり休んでいられるのかと尋ねる人がある。だが、行者にとって、回峰行に出る日以外の毎日こそが修行といえるかもしれない。百日以外の二六五日、二百日以外の一六五日にいかに心身のコンディションをととのえ、回峰にそなえることができるか。これが回峰行者の大きなテーマでもあった。したがって行者は、回峰以外の毎日も、断食に近い食事量を保ち、山を歩き、勤行を欠かすことがなかったのである。

そして再び酒井師に願って同行を許されたのは〈赤山苦行《せきざんくぎょう》〉といわれる、まさに苦行であった。少なくとも私が体験した千日回峰行の三通りのコースのなかでもっとも上り下りの厳しい回峰であった。

距離のながさで比べるなら、千日間のもっとも後半にある〈京都大廻り〉とよばれる、比叡山の三塔から、京都市中の寺社巡拝におよぶ回峰は八十四キロくらいといわれ、どのコースよりも厳しいはずだった。しかし〈京都大廻り〉はその半分が市中の平地を行く順拝である。

ところが〈赤山苦行〉は、その距離七十余キロといわれるが、比叡山上の諸堂から京都側の八瀬へと雲母坂《きららざか》を下り、山麓の古寺赤山禅院に参り、さらにまた山上の行者道へ戻り、横川へと向かう。この上り下りが辛い。だが酒井師は、赤山禅院の境内でひざまずいて行者のお加持《かじ》を待つ、数十人の信者ひとりひとりに丁寧に数珠を触れながら真言を唱えつづけることに毎日少しも変わりはなかった。

そして寺に用意された茶にも菓子にも、まったく手をつけず、行者は一気に雲母坂を駈け登って行くのである。平安時代に僧兵が上り下りしたであろうその細い坂道を、行者は杖を左右に、船を漕ぐようにして突きながら、すうっと走り去った。

右脚がつり、行者の読経の早さをうらめしく思いながら、私はその姿を見失わな

比叡山釈迦堂。

いよう、うしろ姿を追うだけで精いっぱいだった。十時間近くをかけ、飯室谷へ下ったとき、行者はすでに勤行を終え、浄衣を着替えていた。自坊の裏に吊り下げられたいくつものドロだらけの草鞋を見ながら、私はそれを素足で履きつづける行者の節くれ立った足の指を思い浮かべていた。

千日回峰行は、七百日目を終え、〈堂入り〉から無事生還するまでが「自利《じり》の行《ぎょう》」といわれている。自分の悩み、苦しみ、そんな諸々からなんとか抜け出したいと願い、行に入る。しかし、それも〈堂入り〉後の七〇一日以後は「利他《りた》の行」とよばれ、自分以外の人々の幸福、世界の平和等々を願い祈る修行となる。

そしてこの「利他の行」に、さとりの一歩手前の菩薩の位にとどまり、あらゆる人に手を差しのべ、その人の幸福、さとりを願う、いわば大乗仏教が〈菩薩の仏教〉である所以が秘められていた。

回峰行は、他者がこうむるかもしれない苦を代わりに受けようとする〈代受苦《だいじゅく》〉の行でもあった。それは一日の停滞も許されない回峰行と〈堂入り〉に象徴される、生と死の境界を行くともいえる行を成就して「自分は生かされているのだ」と痛感するほかない、そのぎりぎりのエッジを乗り越えてきた人こそが実践できることなのかもしれない。

　しかも人は、こうした回峰行者の姿に接しながら、一切の理屈ぬきに、そこに真摯《しんし》に生きる人間を見るのだ。なぜ、回峰行者の姿を見て、公園に遊ぶ幼児がお加持を受けようとするのか。

「アディシュターナ」のサンスクリット語が「上に立つ」などの意味を持ち、仏教が「加護」の意味に用いた加持は、仏のはたらきが行者を通して加持を受ける人におよび、仏と人とが感応することをいっていた。

　経典に説かれる釈尊の教えをもし形而上世界のこととするなら、行者はそれを世間の価値観によって生きるその形而下世界に手渡す人といえるかもしれない。

　路上にひざまずき、合掌するひとりひとりの頭上に、肩に数珠をおき、真言を唱える行者。ここに仏のはたらきの受け渡しがあるのだ。ここに仏の教えの、現代における情報伝達が実現しているのである。

　しかも八十四キロの回峰行を遂げ、さらに多くの人へのお加持をしつづける行者が、一日に二度摂《と》る食事のメニューは、二個の塩蒸しのジャガイモに胡麻和えの豆腐半丁、熱盛りウドン少々。これだけである。一日のカロリー摂取量は、多く見積もっても一五〇〇キロカロリーという。

七年間をかけ、一千日におよぶ回峰行を遂げ「大行満大阿闍梨《だいぎょうまんだいあじゃり》」となった行者にだけ、その修法が許される〈十万枚大護摩供〉は、〈火炙《ひあぶ》りの行〉というほうが、その実態にふさわしい。

護摩壇に燃えさかるその火炎に向かって、一日に七座（七回）の護摩供を行い、一座の修法に二千本から三千本の護摩木を焚くこの行は、まず百日間におよぶ前《ぜん》行《ぎょう》にはじまる。

五穀を断ち、塩を断つと、通常食べるようなものはほとんど食べることができず、酒井師は前行中、ジャガイモと松の実とクルミを少々食べていた。

『梁塵秘抄《りょうじんひしょう》』（後白河法皇撰・十二世紀成立）には、聖《ひじり》の好むものとして「松茸《まつたけ》・平茸《ひらたけ》・滑薄《なめすすき》・蓮《はす》の蕊《はい》（根）・根芹《ねぜり》・根蓴菜《ねぬなは》（じゅんさいの古名）・牛蒡《ごんぼう》・河骨《かわほね》（スイレン科の多年草で、根茎は強壮剤や止血剤などに用いられる）・独活《うど》・蕨《わらび》・土筆《つくづくし》」などが挙げられている。

大地に密着した植物、地下に生息する根物、それに縄文時代以来の山中の食べ物である木の実が、もともと修験者山伏の常食であった。

十万枚大護摩供、酒井雄武阿闍梨の護摩修法。

乳木《にゅうぼく》とよばれる丸棒型の護摩木は、行者の乳と乳のあいだのながさを基準にしてあった。「家内安全・病気平癒・世界平和・諸願成就」等々、多くの信者から託された願いは、護摩壇にそれが投じられるたびに、行者によって唱えられてゆく。

ナアマクサンマンダバサラナンセンダンマカロシャナ　ソハタヤウンタラタカンマン

飯室谷の護摩堂に、波のようにうねり響く不動明王の真言。行者は信者が唱える「この真言のリズムによって、護摩供をつづけることができるんだ」という。だが、九日間におよぶこの修法は、〈堂入り〉の行と同じく、飲まず食わず、臥《ふ》せずによってつらぬかなくてはならなかったのだ。

およそ三千本の護摩木を焚き、一座の修法を終えた行者の頭に、若い僧が濡れタオルをのせたことがあった。それは、行者の頭上に垂直に蒸気が噴き上がる凄まじい光景であった。

〈火炙りの行〉とは、はったりでも誇張でもない。飲まず・臥せずの人が一日に二万本近い護摩木を、他者の願いを神仏に手渡すようにして、護摩壇の火炎に向かって投じつづけるのだ。後半、行者のからだがガクッと右に傾くことがあった。しかしその都度、行者はハッとしたように我にかえり、気力をとり戻し、護摩木を投じはじめるのである。

そしてこのとき、不動堂はひとつの宇宙となる。行者と信者とによってつくりあげられたこの宇宙に人は感応し、道交し、不動明王にまみえるのだ。

総計十五万三千六百十二本。これが〈火炙りの行〉で酒井師が焚いた護摩木であった。「毎日が苦しく、護摩木がだんだん重くなるのがつらかった」と、満行ののちに語る行者のことばに耳を傾けながら、私は満行の前日、数分のあいだ行者の前に坐らせていただいた、そのときの光景を思い浮かべずにはいられなかった。

〈堂入り〉のときと同じく、行の半ばを過ぎて、水を口にふくむことが許されるが、それはふくんだ水をいま一方のコップに同量戻さなくてはならなかった。しかもコップに戻された水は、煤《すす》が溶けこんだように黒くにごっていたのだ。護摩供を行じながら真言を唱えつづける行者は、絶えず火炎を浴び、まともに煤を吸っているようなものだったのである。

五日目ごろから脱水症状がつづいていた行者は、七日目にその瞳孔が開きかけていた。すでに両手は蠟色を帯び、血管と骨が透けて見えた。

それでも行者は、護摩壇の前に坐ると、驚くべきハイテンポで護摩木を投じていったのである。行者の顔が燃えている。千日回峰行を遂げてなお、生と死の境界にあって他者のために祈りつづける行者。

人はこの行者という全人格を通して不動明王という仏を信じるのだ。不動明王像という仏像にではない。生身の行者を目のあたりにして、仏のあることを知り、その現実に手を合わせるのである。

「あとがき」にかえて――

宗教はどこにはじまったのか

平成十二年（二〇〇〇）に、役行者の一三〇〇年遠忌を迎えるにあたって、この前年、東京と大阪で特別展「役行者と修験道の世界―山岳信仰の秘宝―」が開催された。

そしてこの一三〇〇年遠忌を機に、役行者、そして修験道への関心がいっ気に盛り上がり、広がり、関連の書物が書店に目立つようになった。

おそらく、こうした動きを機に、長年、山岳信仰、修験道等々に関心を持たれてきた方々は、没後一三〇〇年にして、ようやく役行者が日本宗教の表舞台に登場したという実感を持たれたのではないだろうか。私もその一人である。

むろんそれまでは、役行者を「えんのぎょうじゃ」と読むことにも、修験道を「しゅげんどう」と読むことにも、一般にはほとんど関心を持たれなかったのではないだろうか。

第一、日本の宗教史研究において、修験道がどんな位置づけにあり、どんな意味を持ってきたのかということに、長いあいだまともに取り組む研究者もいなかった。わずかに宮城信雄、和歌森太郎、村上俊雄、五来重、村山修一、宮家準、戸川安章という諸先学が、まさに先駆的な研究成果を公にしていたにすぎなかった。私の研究が諸先達の導きのお蔭であることはいうまでもない。拙著『山岳霊場巡礼』（新潮選書）が刊行されたのは二十一年前の一九八五年のことであった。

そして列島改造が全国におよんだ時代を境いに、かつてないほどの自然保護への関心が広がった。この二十数年来の森歩き、樹木への関心は巨木ブームさえ巻き起こし、ブナ林の保護運動が、白神山系の世界遺産登録へもつながっていった。

だが、役行者、修験道は日本宗教の歴史の上でどこか異端視されたままであった。その第一の原因は、明治時代はじめの神仏分離令が、神仏習合という日本宗教の基本的な宗教性を、排仏棄釈《はいぶつきしゃく》という暴挙によって破壊しようとしたことにある。

日本各地に、古来の信仰を伝承し、その信仰ゆえに生まれた数々の造形、民俗芸能等々の多くは、この暴挙によって失われ、変質したのである。日本の修験道教団は、ここで壊滅状態に近い打撃を受け、いまもその痛手は癒されていない。

しかしこうした激動の時代に耐えながら、こんにちの山岳信仰・修験道への関心が広がってきたのは、日本人の本能的ともいえる自然への親しみ、畏敬の念が、なお失われることなく神仏習合信仰の伝統を育んできたことにあるだろう。

中国仏教の流れを汲む日本仏教は、歴史的に祖師《そし》仏教を軸にその活動を進めてきた。こうした流れは、歴史的な裏づけが限られ、祖師としてはっきり位置づけられることがなかった役行者への無関心をまねき、修験者・山伏を日本仏教のアウトサイダーででもあるかのようにとらえることにつながっていた。

役行者に関する歴史的な記録は『続日本紀』の「文武天皇三年五月二十四日条」だけである。ところが問題は『続日本紀』編纂（七九七年成立）からわずか二十数年のちに成立した、日本の説話集の先駆をなした『日本霊異記』（八二二年ごろの成立。薬師寺の僧景戒著）に、役行者の行動が「誠に知る、仏法の験術広大なることを」とまで絶賛されていることにある。

そしてさらに、役行者に関しては『今昔物語集』『金峯山本縁起』『諸山縁起』はじめ、『本朝神仙伝』等々、夥しい数の伝承が生まれている。それは近世の『役君形成記』という、役行者の誕生から、修験者として活動し、後年にいたるまでの「役小角伝」といえる著作の出現におよんで、人気の途絶えることがなかった。

また『日本霊異記』以来、超人的な山林修行者として顕在化してゆく役行者は、近世の歌舞伎の演目に登場し、浄瑠璃に、さらに近代の小説・戯曲におよんで、その人物像と活躍は、庶民の憧れの宗教者として物語化されてゆくのである。

なぜなのか。おそらく宗派仏教のなかで、その言動・評価の定まっている仏教者にはない、自在な行動・伝承に彩られ、しかも孤軍奮闘の宗教者とも見える役行者へ、日本人が潜在的な親しみを覚えるからではないだろうか。

役行者という神格化の広がりは、奈良時代以降、国家仏教化し、その伽藍中心の仏教では庶民の救済に手が届かない時代がつづくなかで、たとえば行基や空也《くうや》、一遍のような遊行《ゆぎょう》の聖《ひじり》と呼ばれる宗教者に人気が集まったこととも無縁ではない。

「超人役行者」は、千年余におよぶ修験道という実践宗教が求め、形成してきた理想像なのだ。たしかに『続日本紀』の記録だけでとらえるなら、役小角は道呪を身につけた宗教者だったと考えられる。しかし、この短い記録に秘められた役小角の宗教性は、日本の宗教がさらに広い宗教の融合性のなかに形成されて行くことを示唆していないだろうか。

寛政十一年（一七九九）に光格天皇より「神変大菩薩《じんべんだいぼさつ》」の諡号《しごう》が贈られているが、この諡号はまさに神仏習合の人そのものを体現している。

さらに、論理的というより、呪術性に富んだ伝承の濃い役行者は、その意味で日本人の民間信仰の対象ともいえる宗教者にふさわしかった。平安時代以降の役行者像が全国に流布し、その遺存例が多いことも、このことを裏づけている。

だが、なんといっても日本人の信仰とその宗教性が、一貫して神仏習合の世界にあることは、役行者、修験道の解明にとってなにより重要である。いや逆に、役行者の伝承や修験道という実践宗教が、日本の神仏習合を解明するキーワードになっているともいえるだろう。

修験道は、山を修行の道場としてきた。これは現代にいたって変わることがない。修験者は、山岳を形成する樹木・岩・水の流れ・滝等々に向き合い、草木虫魚と一体となった風が生みだす〝気〟ともいうべきものにダイレクトに心身をゆだねてきた。

この、修験者の山中における行《ぎょう》と、行がその人間に促すいのちの感覚は、現代が失いかけている、いのちにまともに向き合うこととストレートにつながる問題である。修験道は、世界がいのちの連鎖によって成り立ち、その意味で、けっして人間だけが特別であるわけでも、他の生命を支配し、その生殺与奪《せいさつよだつ》の権利を持っているわけでもないことを、その祈りの実践のなかに示してきた宗教といえる。

山岳修行のなかで気づき、発見して行く無数の生命とそのありよう。ここに生まれる生命観・自然観のなかへ、世界を無数のほとけのすがたととらえる密教の宇宙観が入ってくる。山岳を形成する自然のひとつひとつが曼荼羅を構成する一尊一尊としてとらえ直されてゆくのである。

山が曼荼羅としてとらえられてゆくとき、修行道場としての山は「悟りの本質を得る」聖なる場となる。そして水と樹木という自然の原質が、祈りの対象からさらに抽象化され、密教儀礼のなかで火とセットの関係で象徴化されてゆく。「水と木と火」は修験道儀礼の象徴であり、それは同時に山岳という自然を形成する生命の原質でもあるのだ。

修験道はつねにその実践を通して、こうした生命の原質を指摘してきたのである。修験道を導いているのは「水の思想」であり「木の思想」であり「火の思想」であるといいかえることもできる。

あらためてその例を挙げるまでもなく、日本文化は「茶の湯」「絵画」さらに「蒔絵」や「衣装」のデザイン等々におよんで「水の思想」「水のイメージ」で支えられている。「水」は日本の美学の特徴を歴史的に示してきた重要なモチーフだったのだ。

尾形光琳の「紅白梅図屏風」、また禅宗の枯山水の庭におよんで「水」はつねに象徴的なモチーフの役を担ってきた。水・生命の象徴ともいえる蓮を手にした観音菩薩像が、日本人に圧倒的に支持され、信仰の対象となっているのも、このことと無縁ではない。

たしかに修験道には役行者像、蔵王権現像等々、固有の尊格、祈りの対象がある。しかし修験道は山中における実践修行のなかで、神仏のかたち、偶像に向かって祈ることから一度離れ、多くの尊像を自然の内にもどしてとらえることを示唆してきたとも考えられる。自然に向き合うとは、そういうことではないのだろうか。

そしてここに、自分という〝いのち〟を見据えることに基本がある、釈迦仏教の継承が秘められているのだ。

インターネットによるやりとりが日常化したいま、多くの情報はパソコンや携帯電話の画面から得ることができる。ここでは、ニュースで話題になった宗教について、その概要を知ることもたやすい。

だが、こんな時代にこそ、情報の原点は自然の内部にあることを見逃してはならない。情報の始原《アルケー》はつねに水と木と岩が形成し、草木虫魚がいのちの連鎖を実証して見せる山にある。このことに気づくことが現代にさし迫ったテーマなのだ。

「宗教はどこにはじまったのか」という問いは、修験道と連動したここに向けられなくてはならない。むろん、ユダヤ教の事実上の発生が、モーセが神から十戒を授かったといわれるシナイ山にあること、キリスト教の教えの基本が山上の垂訓《すいくん》において示されていること、さらに六世紀後半に生まれたムハンマドが、メッカ郊外のヒラー山の洞窟で瞑想中に受けた啓示にはじまる、神のことばの集成が『コーラン』であることを挙げるまでもない。

あらゆる宗教は、生身の人間が山という、いわば宇宙軸ともいえる自然に向き合い、その内部に心身をゆだねたときに生まれる、より鮮明な示唆《メッセージ》(情報)を理解することにはじまっているのだ。

修験道が「宗教はどこにはじまったのか」という問いの前に、いかに現代的な意味を持っているかという今日性《こんにち》もここにある。

すでに宗教が憎しみを煽るものでも、異なる概念を排除するものでもないことに、多くの人が気づいている。唯一神教の世界において、宗教を狭いドグマ性を通してとらえ、原理主義を強調する動きがエスカレートしているいま、宗教は経済問題とリンクしたなかで、たえず誤解を受け易い状況にさらされている。

だがなによりもまず、宗教はいのちの共存を呼びさますはたらきを担っているのだという、この本質に立つなら、修験道は一貫してその実践のなかで、このことを実証してきたといえる。しかも同時に修験道は、地球環境問題とも響き合ってきた。

全国各地に豊かな伝承をのこす山岳霊場は、日本の神仏習合という宗教の形成を問う生きた教場であり、地球環境問題を問う生きた対象でもある。

しかも修験道は、その実践が宗教のはじまりを示唆し、山岳という修行道場において、より具体的に、神仏習合という日本宗教が形成されてきたことを語りつづけているのである。

学生時代の後半、四十数年前の夏に出羽三山をめぐり、その周辺を歩きまわったことにはじまる私の山岳宗教研究は、日本宗教の源流を探る第一歩だった。

そのころの湯殿山登り口の鄙《ひな》びた風情は、いまも目に浮かび、行く先々でお世話になった方々も忘れることがない。以来、各地の山岳霊場とその周辺のフィールドワークを重ねながら「日本宗教はどんなところに特徴があるのだろう」という問いは、日本の古代と関わりのある朝鮮半島・中国、さらに東南アジア、インドへとフィールドワークが広がるなかでも見失うことはなかった。

そして中東、バルカン半島等々に頻発した民族紛争の現場を歩きながら「宗教は人間にとって何なのか」という問いは、一層私のなかでさし迫った課題となり、それはあらためて、日本が歴史的に育んできた習合宗教が持つ意味を考える機会となった。この著はこの問いを前に書きつづけることができたといえる。

日本の宗教を問い直すことが、目の前の、経済・政治問題とリンクした民族・宗教が対峙する現実に、大きな意味を持ち、そこに有効なメッセージを発することができるのではないか。これがこの数年、私を強く促してきた課題でもあった。

「ウェッジ」出版部の服部滋さんから「役行者と修験道」をテーマにというお話をいただいたとき、戸惑いもあった。山岳信仰・修験道については、これまでも書いてきたが、伝説に彩られた役行者その人をテーマとしてまとめることは、どこかで避けていたのかもしれない。しかし長年、日本宗教の特徴を考えつづけるなかで、役行者そして修験道が重要な意味を持つことは実感してきたことだった。排除の思想をもたない修験道の基本が、いのちがいのちに向き合うその実践にあることは、現代に宗教を問う上でなによりも重要なことではないだろうか。

この四十数年、フィールドワークの広がりに身を挺してきた、ささやかな研究の、この著はひとつの区切りになるのではないか。服部さんの慫慂《しょうよう》に感謝したい。

ここに、全国の山岳信仰ゆかりの地において多くの教えをいただき、また貴重な宝物等々の撮影をお許しいただいたことに重ねて御礼申し上げたい。

二〇〇六年三月三十一日

久保田展弘

参考文献一覧

『古事記』倉野憲司校注、一九六三年、岩波書店
『古事記』山口佳紀・神野志隆光校注・訳、一九九七年、小学館
『日本書紀』坂本太郎、井上光貞他校注、一九六五年、岩波書店
『日本書紀』全三巻　小島憲之他校注・訳、一九九四〜九八年、小学館
『続日本紀』前・後編　黒坂勝美編輯、一九五二年、吉川弘文館
『日本霊異記』遠藤嘉基、春日和男校注、一九六七年、岩波書店
『宇治拾遺物語』渡邊綱也、西尾光一校注、一九六〇年、岩波書店
『往生伝・法華験記』井上光貞、大曾根章介校注、一九七四年、岩波書店
『往生要集』花山勝友訳、一九七二年、徳間書店
『今昔物語集』第一巻〜第五巻　山田孝雄他校注、一九五九〜六三年、岩波書店
『最澄・空海集』渡辺照宏編、一九六九年、筑摩書房
『木葉衣・鈴懸衣・踏雲録事』五来重編注、一九七五年、平凡社

『三教指帰・性霊集』渡辺照宏、宮坂宥勝校注、一九六五年、岩波書店
『三国遺事』上・下　林英樹訳、一九七五〜七六年、三一書房
『三国史記』上・中・下　林英樹訳、一九七四〜七五年、三一書房
『諸山縁起』『寺社縁起』桜井徳太郎他校注、一九七五年、岩波書店
『白山比咩神社文書』、一九七四年、白山比咩神社叢書
『抱朴子　列仙伝　神仙伝　山海経』本田済他訳、一九七三年、平凡社
『老子・荘子・列子・孫子・呉子』金谷治他訳、一九七三年、平凡社

＊

『講座　日本の古代信仰』第一巻〜第五巻　上田正昭編、一九七九〜八〇年、学生社
『講座　日本の民俗宗教』一〜七　五来重他編、一九七九〜八〇年、弘文堂
『講座　密教』第一〜第五　宮坂宥勝他編、一九七六〜八七年、春秋社
『大系　仏教と日本人』一　神と仏　桜井好朗編、一九八五年、春秋社
『山岳宗教史研究叢書』第一巻〜第十八巻　五来重他編、一九七五〜八四年、名著出版

＊

『修験道儀礼の研究』宮家準、一九七一年、春秋社
『修験道思想の研究』宮家準、一九八五年、春秋社
『修験道史研究』和歌森太郎、一九七二年、平凡社
『修験道と民俗』戸川安章、一九七二年、岩崎美術社
『修験道の発達』村上俊雄、一九七八年、名著出版
『延喜式』虎尾俊哉、一九七八年、吉川弘文館
『役行者伝の謎』銭谷武平、一九九六年、東方出版
『役行者と修験道の世界~山岳信仰の秘宝~』(図録)大阪市立美術館編、一九九九年、毎日新聞社
『御嶽信仰』宮家準編、一九八五年、雄山閣出版
『神ごとの中の日本人』和歌森太郎、一九七二年、弘文堂
『神と仏の間』和歌森太郎、一九七五年、弘文堂
『観世音菩薩の研究』後藤大用、一九五八年、山喜房仏書林
『熊野三山の史的研究』宮地直一、一九五四年、国民信仰研究所
『熊野大社』篠原四郎、一九六九年、学生社

『熊野詣』五来重、一九六七年、淡交新社
『古代人と夢』西郷信綱、一九七二年、平凡社
『神話と国家』西郷信綱、一九七七年、平凡社
『古代の日本とイラン』井本英一、一九八〇年、学生社
『死と再生――ユーラシアの信仰と習俗』井本英一、一九八二年、人文書院
『神仙思想』下出積與、一九六八年、吉川弘文館
『神体山』景山春樹、一九七一年、学生社
『神道の成立』高取正男、一九七九年、平凡社
『朝鮮の祭りと巫俗』崔吉城、一九八〇年、第一書房
『出羽三山修験道の研究』戸川安章、一九七三年、佼成出版社
『天台本覚論』多田厚隆他校注、一九七三年、岩波書店
『道教思想史研究』福永光司、一九八七年、岩波書店
『道教と日本文化』福永光司、一九八二年、人文書院
『丹生の研究』松田壽男、一九七〇年、早稲田大学出版部

『日本海文化の形成』高瀬重雄、一九八四年、名著出版
『日本史にみる地獄と極楽』笠原一男、一九七六年、日本放送出版協会
『日本の神々』松前健、一九七四年、中央公論社
『日本のシャマニズム』上巻　桜井徳太郎、一九七四年、吉川弘文館
『日本の朝鮮文化』司馬遼太郎他編、一九七二年、中央公論社
『羽黒・月山・湯殿三山雅集』戸川安章解説、一九七四年、東北出版企画
『比叡山』景山春樹、一九六六年、角川書店
『仏教と民俗』五来重、一九七六年、角川書店
『法華経物語』渡辺照宏、一九七七年、大法輪閣
『本地垂迹』村山修一、一九七四年、吉川弘文館
『密教世界の構造　空海「秘蔵宝鑰」』宮坂宥勝、一九八二年、筑摩書房
『山の祭りと芸能』上・下　宮家準編、一九八四年、平河出版社
『山伏の歴史』村山修一、一九七〇年、塙書房
『遊行聖――庶民の仏教史話』大橋俊雄、一九七一年、大蔵出版

『老荘の思想と道教』小柳司気太、一九四二年、森北書店

＊

「弘法大師の密教」『成田山仏教研究所紀要』二 宮坂宥勝、一九七七年、成田山仏教研究所
『南都仏教』四 薗田香融他著、一九五七年、東大寺研究会
別冊太陽『山の宗教——修験道とは何か』久保田展弘監修、二〇〇〇年、平凡社
別冊太陽『熊野 異界への旅』山本殖生構成、二〇〇二年、平凡社
『修験道辞典』宮家準編、一九八六年、東京堂出版

＊

『山岳霊場巡礼』久保田展弘、一九八五年、新潮社
『日本の聖地——日本宗教とは何か』久保田展弘、二〇〇四年、講談社学術文庫
『修験の世界——始原の生命宇宙』久保田展弘、二〇〇五年、講談社学術文庫

以上、参考文献の発行年はすべて西暦に統一しました。

プロフィール

久保田展弘（くぼた　のぶひろ）

アジア宗教・文化研究所代表。早稲田大学卒業。専門は比較宗教思想・文化論。一神教・多神教を多岐にわたるテーマから比較、宗教が現代に持つ意味を追求。大学、カルチャー・スクールで連続講座。著書『日本の聖地―日本宗教とは何か』『修験の世界―始原の生命宇宙』（以上、講談社学術文庫）『日本多神教の風土』（ドイツにて独訳発刊）『森の癒し―いのちと瞑想の世界』『荒野の宗教・緑の宗教』（いずれもPHP研究所）『神の名は神』（小学館）『インド聖地巡礼』（新潮社）『狂と遊に生きる　一休・良寛』（中央公論新社）『さまよう死生観―宗教の力』（文春新書）他。

ウェッジ選書 22

役行者と修験道

宗教はどこに始まったのか

2006年 6 月26日 第1刷発行
2011年 2 月 7 日 第4刷発行

著者……………………………久保田展弘
発行者…………………………布施 知章
発行所…………………………株式会社ウェッジ
〒101-0052
東京都千代田区神田小川町1-3-1
NBF小川町ビルディング3階
電話：03-5280-0528 FAX：03-5217-2661
http://www.wedge.co.jp 振替 00160-2-410636
装丁・本文デザイン………上野かおる
DTP組版……………………株式会社リリーフ・システムズ
印刷・製本所…………………図書印刷株式会社

※定価はカバーに表示してあります。ISBN4-900594-92-X C0315

ウェッジ選書

1 人生に座標軸を持て
松井孝典・三枝成彰・葛西敬之【共著】

2 地球温暖化の真実
住　明正【著】

3 遺伝子情報は人類に何を問うか
柳川弘志【著】

4 地球人口100億の世紀
大塚柳太郎・鬼頭　宏【共著】

5 免疫、その驚異のメカニズム
谷口　克【著】

6 中国全球化が世界を揺るがす
国分良成【編著】

7 緑色はホントに目にいいの?
深見輝明【著】

8 中西進と歩く万葉の大和路
中西　進【著】

9 西行と兼好
小松和彦・松永伍一・久保田淳ほか【共著】

10 世界経済は危機を乗り越えるか
川勝平太【編著】

11 ヒト、この不思議な生き物はどこから来たのか
長谷川眞理子【編著】

12 菅原道真
藤原克己【著】

13 ひとりひとりが築く新しい社会システム
加藤秀樹【編著】

14 〈食〉は病んでいるか
鷲田清一【編著】

15 脳はここまで解明された
合原一幸【編著】

16 宇宙はこうして誕生した
佐藤勝彦【編著】

17 万葉を旅する
中西　進【著】

18 巨大災害の時代を生き抜く
安田喜憲【編著】

19 西條八十と昭和の時代
筒井清忠【編著】

20 地球環境　危機からの脱出
レスター・ブラウンほか【共著】

21 宇宙で地球はたった一つの存在か
松井孝典【編著】

22 役行者と修験道
久保田展弘【著】

23 病いに挑戦する先端医学
谷口　克【編著】

24 東京駅はこうして誕生した
林　章【著】

25 ゲノムはここまで解明された
斎藤成也【編著】

26 映画と写真は都市をどう描いたか
高橋世織【編著】

27 ヒトはなぜ病気になるのか
長谷川眞理子【著】

28 さらに進む地球温暖化
住　明正【著】

29 超大国アメリカの素顔
久保文明【編著】

30 宇宙に知的生命体は存在するのか
佐藤勝彦【編著】

31 源氏物語
藤原克己・三田村雅子・日向一雅【著】

32 社会を変える驚きの数学
合原一幸【編著】

33 白隠禅師の不思議な世界
芳澤勝弘【著】

34 ヒトの心はどこから生まれるのか
長谷川眞理子【編著】

35 アジアは変わるのか　改訂版
松井孝典・松本健一【編著】

36 川は生きている
森下郁子【編著】

37 生物学者と仏教学者 七つの対論
斎藤成也・佐々木閑【共著】

38 オバマ政権の対アジア戦略
久保文明【編著】